后勤管理
“521”
标准体系

岗位操作手册

南方电网调峰调频发电有限公司办公室
广东鼎元双合企业管理有限责任公司 | 编

图书在版编目（CIP）数据

后勤管理“521”标准体系. 1，岗位操作手册 / 南方电网调峰调频发电有限公司办公室，广东鼎元双合企业管理有限责任公司编. — 广州 ：南方日报出版社，2020. 12

ISBN 978-7-5491-2292-9

Ⅰ. ①后… Ⅱ. ①南… ②广… Ⅲ. ①企业管理－后勤管理－标准化 Ⅳ. ①F272.9-65

中国版本图书馆 CIP 数据核字(2020)第 226375 号

GANGWEI CAOZUO SHOUCE

岗位操作手册

编　　者： 南方电网调峰调频发电有限公司办公室
　　　　　广东鼎元双合企业管理有限责任公司
出版发行： 南方日报出版社
地　　址： 广州市广州大道中 289 号
出 版 人： 周山丹
责任编辑： 巫殷昕　吴俊贤
装帧设计： 邓晓童
责任技编： 王　兰
责任校对： 裴晓倩　肖　颖
经　　销： 全国新华书店
印　　刷： 广东信源彩色印务有限公司
开　　本： 787mm×1092mm　1/16
总 印 张： 21.5
总 字 数： 300 千字
版　　次： 2020 年 12 月第 1 版
印　　次： 2020 年 12 月第 1 次印刷
总 定 价： 68.00 元（全 2 册）

投稿热线：（020）87360640　　读者热线：（020）87363865

编委会

前言
PREFACE

“后勤”一词源出希腊文 Logistikos，意为“计算的科学”，起源于军队，是后方勤务的简称。古代各国军事家对后勤已有比较深刻的认识，但用语多是对具体后勤事项的表述，如军需、粮草、委积、粮道、疗伤等。《现代汉语词典》中表述“后勤”是“指后方对前方的一切供应工作，也指机关、团体等的行政事务性工作”。人们常常习惯用“衣、食、住、行”来简单概括后勤涉及的内容，但后勤工作内容广泛而繁杂，不同企业所需的后勤服务内容大相径庭。目前，国有企业所指的后勤服务，主要泛指为确保企业工作秩序正常运转而提供的楼宇、食堂、交通、公寓等各项保障性服务，包括会务、保洁、绿化、安保、工程、食堂、公寓等服务内容。为便于理解，国有企业后勤服务简单而言就是在物业管理的基础上，增加交通、食堂、公寓等福利性质的保障服务。

现阶段国内后勤管理称不上主流专业，针对后勤管理方面的研究也比较少，多以企业自主探索为主，还未达到全面专业化管理的程度。本书所指的后勤管理“521”标准体系，以国有企业后勤管理为例，主要从三个部分、八个维度对后勤管理进行规范：一是成本管理，即规范人员配置、人员薪酬、管理成本、费用列支渠道、管理服务费用，为“5”；二是服务管理，即规范服务标准、考核标准，为“2”；三是合同管理，即建立标准合同文本，为“1”，总称为后勤管理“521”

标准体系。成本管理与合同管理是实现两个核心要素的基础。由于全国各地、各企业的后勤管理成本受限于当地行情等各种综合因素，全面推广难度较大，故不对成本与合同标准作介绍。本书的两本手册重点聚焦规范后勤服务标准，运用后勤管理与人工智能相结合的理念，解决后勤各岗位人员“做什么”“怎么做”的问题。

编者认为，国有企业后勤服务质量好坏，取决于两个核心要素，一是服务质量标准，二是服务响应速度。因此，重点关注两个层面，一是制定统一规范的服务标准，由后勤一线员工作为载体落实标准，某种程度也可将后勤一线员工视为实现后勤服务标准的人工智能；二是督促检查服务质量，由后勤管理人员做好质量监督及客户需求与意见处理；实现后勤服务扁平化管理，最大化地减少因管理链条增加造成的信息多头、服务滞后等问题；高效地处理企业员工提出的各项后勤服务需求。编写该体系《岗位操作手册》时，充分考虑后勤一线员工知识架构特点，对各岗位工作内容、工作频次、工作标准进行规范，最大特点是直观、简洁、易记，即使员工没有较高的文化基础，也可在最短时间内熟悉本职岗位工作内容与要求。编写该体系《岗位培训手册》时，以抓实培训效果为导向，结合受众感受，制定操作流程、工作业务知识，通过直观的图表、图文进行培训，促使受培人员对培训内容入心入脑，便于记忆并掌握实操。

编者

2020 年 12 月 23 日

目录
CONTENTS

一、会议服务岗位操作手册

二、保洁服务岗位操作手册

三、绿化服务岗位操作手册

四、安保服务岗位操作手册

五、工程服务岗位操作手册

六、食堂服务岗位操作手册

七、公寓服务岗位操作手册

八、表单汇总

一、会议服务岗位操作手册

1.1 会议服务主管

工作重点:

（1）了解主办方需求，填写下发《会议需求记录表》并安排会议室，落实会议服务人员。
（2）安排会前准备并做好会前检查工作。
（3）安排会间茶水、茶歇、迎送等服务，监督服务质量。
（4）填写《工程维修单》，跟进设施设备的维修进度。
（5）跟进费用结算等工作。

工作步骤	工作频次	工作内容	需要填写的表单	特别提醒
检查仪容仪表	1次/日	着装情况、礼仪情况、礼貌用语		检查是否符合《礼仪培训手册》要求
	1次/日	工作纪律		检查是否符合《岗位操作手册》要求，工作时不得闲谈、做与工作无关事宜等
培训工作	按需	入职培训	《新入职员工培训表》 《岗前考核表》	1. 礼仪培训。 2. 理论培训：工作步骤、工作频次和工作内容。 3. 实操培训：需填写的表单、必须掌握的实操技能。 4. 安全注意事项
	1次/季度	岗位技能培训	《培训记录表》	组织会议服务人员开展岗位技能培训
召开例会	1次/月	召开月度例会	《月度例会登记表》	每月召集会议服务人员开会，讨论当月会议服务质量等方面的不足，商量整改措施
会前准备	会议前	检查会场、安排会议服务员	《会议需求记录表》 《会前检查表》 《工程维修单》	1. 接收会议需求。 会场：检查会场布置、会标内容、音像设备、会场物品摆放、座位牌、灯光、空调、绿植摆放、会场卫生、茶水、茶歇是否符合要求（如设施设备有问题，第一时间填写《工程维修单》报修，并跟进维修进度）。 2. 人员：落实会议人员，根据实际需求安排迎送、礼仪、茶水、茶歇等服务
会议监督	会议期间	监督服务质量		监督会议服务人员在会议期间的迎送、礼仪、茶水、茶歇等服务是否符合要求

（续表）

工作步骤	工作频次	工作内容	需要填写的表单	特别提醒
会后检查	会议后	检查会后场地、整理物资		1. 场地：会后检查会议服务人员会场清理工作是否符合要求；第一时间通知保洁人员清扫会场。 2. 物资：会后整理音像设备、会议资料、座位牌等所有物资
费用结算	会议后	跟进费用结算		跟进与主办方的会议费用结算等工作（仅适用于酒店/公寓）
业主需求、投诉处理	按需	处理客户需求和投诉事项	《客户需求和投诉事项办理记录》	第一时间处理客户在会议服务方面的需求和投诉事项，同时反馈处理结果

1.2　会议服务员

工作重点：

（1）按《会议需求记录表》做好会前设施设备检查、场地布置、物品准备及摆放等工作。

（2）通过微笑、礼貌用语、迎送及标准化操作等服务为客户提供优质体验。

（3）做好会前会后的卫生清洁整理工作。

工作步骤	工作频次	工作内容	需要填写的表单	特别提醒
入职培训	按需	接受培训		1. 礼仪培训。 2. 理论培训：工作步骤、工作频次和工作内容。 3. 实操培训：会场物品摆放、茶水冲泡、添茶手势实操。 4. 安全注意事项 【以上内容经岗前考核合格后，方可上岗（可补考一次）】
会前准备	会议前	会场布置		1. 按主办方需求整齐摆放成回字形/U形/课桌式等台型。 2. 检查桌、椅、台布、椅套是否干净平整。 3. 检查会场桌椅、地面、墙面及公共区域是否干净卫生；通风是否正常

（续表）

工作步骤	工作频次	工作内容	需要填写的表单	特别提醒
会前准备	会议前	核对会标内容		按主办方需求认真检查核对背景板、横幅、指引牌等内容，摆放位置是否正确
	会议前	检查调试设施设备		1. 按要求将灯光、空调提前开好，调试好麦克风、音响、电脑、投影仪等设备，确保充电设备电源稳定可靠。 2. 会前务必再次检查麦克风连接是否正常，电量是否充足
	会议前	会场物品准备及摆放		会议所需物品：座位牌、茶杯、矿泉水、纸巾盒、毛巾（湿纸巾）、文具（备用纸和笔）、绿植等
	会议前	迎接宾客		1. 提前半小时到岗，微笑迎客。 2. 客人到场，热情问好，微笑引客入座
会间服务	会议中	添加茶水，关注会场情况		1. 茶水倒至七分满，倒茶要做到“说话轻、走路轻、操作轻”。 2. 一般 20 分钟加一次茶水。 3. 中场休息期间加好茶水、清理杂物、整理好台面物品。 4. 随时关注会场麦克风、投影、音响、空调、茶水等情况
会后工作	会议后	迎送宾客		会议结束前，提前在会场门口迎送宾客（打开会议室门）
	会议后	检查会场设施、设备，清理会场		1. 仔细检查会场是否有遗漏的文件或物品。 2. 检查设施设备是否有损坏，第一时间记录并报给主管。 3. 确认会场无误后，整理好物品，做好会场清理工作，关闭所有设施设备，第一时间通知保洁人员清洁会场。 4. 杯具的清洗按照一清、二洗、三漂、四消毒、五保洁的步骤进行

二、保洁服务岗位操作手册

2.1 保洁主管

工作步骤	工作频次	工作内容	需要填写的表单	特别提醒
检查仪容仪表	1 次 / 日	着装情况、礼仪情况、礼貌用语		是否符合礼仪培训要求
	1 次 / 日	工作纪律		检查是否符合《岗位操作手册》，工作时不得闲谈、做与工作无关事宜等
培训工作	按需	入职培训	《新入职员工培训表》 《岗前考核表》	1. 礼仪培训。 2. 理论培训：工作步骤、工作频次和工作内容。 3. 实操培训：需填写的表单；必须掌握的实操技能。 4. 安全注意事项
	1 次 / 月	按照年度培训计划开展月度培训	《年度培训计划表》（见各区域保洁班长表单） 《月度培训记录表》	和保洁班长明确每月培训内容（参考标准模板），形成各区域年度培训计划，每月组织培训
督导检查保洁质量	2 次 / 日	抽查保洁质量	《保洁质量日常巡查表》 《保洁质量周巡表》（生产现场） 《保洁质量周巡表》（厂房）	抽查区域内的保洁质量，发现不合格的，第一时间督促保洁班长进行整改，对整改情况进行检查确认，每日抽查不得少于 2 次 【电厂一周内要检查完所有区域。办公楼一天内要检查完所有区域】
	1 次 / 周	检查消杀工作		检查是否按计划进行、记录是否真实完整
	2 次 / 周	检查垃圾处理		检查是否日产日清、消毒到位
召开例会	1 次 / 月	召开月度例会	《月度例会记录表》	每月第一周召集保洁班长开会，讨论上月保洁质量、保洁用品费用等方面的不足，商量整改措施，必须讨论出存在的不足

（续表）

工作步骤	工作频次	工作内容	需要填写的表单	特别提醒
保洁物资盘点	1次/月	盘点物资、分析费用	企业物资系统	1. 做好保洁物资费用、出入库盘点。 2. 分析保洁物资数量及费用、日常性开支等费用是否合理、使用是否规范
检查工作环境	1次/日	检查办公环境		办公场所整洁、无乱堆放现象
	1次/日	检查工器具摆放		督导工作期间保洁工具、物品、清洁剂等物资集中存放于指定位置，工具摆放区有标识，工具摆放整齐有序
业主需求、投诉处理	随时	业主需求、投诉处理	《客户需求和投诉事项办理记录表》	第一时间处理客户在保洁方面的服务需求和投诉受理

2.2　区域保洁班长

工作重点：

（1）监督检查每个清洁区域的卫生质量，发现卫生不合格或没有打扫的情况第一时间督促保洁员进行整改到位。

（2）第一时间处理客户在保洁方面的服务需求和投诉受理。

（3）做好保洁员入职前的业务培训和日常培训。

（4）做好清洁用品费用、台账、出入库管理。

2.2.1　办公区域保洁班长

工作步骤	工作频次	工作内容	需要填写的表单	特别提醒
检查仪容仪表	1次/日	着装情况、礼仪情况、礼貌用语		检查是否符合礼仪培训要求
	1次/日	工作纪律		检查是否符合《岗位操作手册》，工作时不得闲谈、做与工作无关事宜等

（续表）

工作步骤	工作频次	工作内容	需要填写的表单	特别提醒
培训工作	1次/月	按照年度培训计划开展月度培训	《年度培训计划表》 《月度培训记录表》	与保洁主管共同制订年度培训计划，并每月组织培训
督导检查保洁质量	2次/日	抽查保洁质量	《洗手间保洁记录表》 《公共区域保洁记录表》	抽查区域内的保洁质量，发现不合格的，第一时间督促保洁员进行整改，对整改情况进行检查确认，每日巡查不得少于2次
	1次/日	检查消杀工作		检查是否按计划进行、记录是否真实完整
	1次/日	检查垃圾处理		检查是否日产日清、消毒到位
召开例会	1次/日	召开班前会		每天早上召开班前早会，检查员工礼节礼仪，对前日工作质量进行总结，对当天的工作提出安排，并进行班前安全教育
保洁物资盘点	1次/日	盘点保洁物资	企业物资系统	做好保洁物资出入库盘点
检查工作环境	1次/日	检查办公环境		办公场所整洁、无乱堆放现象
	1次/日	检查工器具摆放		督导工作期间保洁工具、物品、清洁剂等物资集中存放于指定位置，工具摆放区有标识，工具摆放整齐有序
业主需求、投诉处理	随时	业主需求、投诉处理	《客户需求和投诉事项办理记录表》	第一时间处理客户在保洁方面的服务需求和投诉受理

2.2.2 室外区域保洁班长

工作步骤	工作频次	工作内容	需要填写的表单	特别提醒
检查仪容仪表	1次/日	着装情况、礼仪情况、礼貌用语		检查是否符合礼仪培训要求
	1次/日	工作纪律		检查是否符合《岗位操作手册》，工作时不得闲谈、做与工作无关事宜等
培训工作	1次/月	按照年度培训计划开展月度培训	《年度培训计划表》 《月度培训记录表》	与保洁主管共同制订年度培训计划，并每月组织培训
督导检查保洁质量	2次/日	抽查保洁质量	《洗手间保洁记录表》 《室外保洁记录表》	抽查区域内的保洁质量，发现不合格的，第一时间督促保洁员进行整改，对整改情况进行检查确认，每日巡查不得少于2次
	1次/日	检查消杀工作		检查是否按计划进行、记录是否真实完整
	1次/日	检查垃圾处理		检查是否日产日清、消毒到位
召开例会	1次/日	召开每日例会		每天早上召开班前早会，检查员工礼节礼仪，对前日工作质量进行总结，对当天的工作提出安排，并进行班前安全教育
保洁物资盘点	1次/日	盘点保洁物资	企业物资系统	做好保洁物资出入库盘点
检查工作环境	1次/日	检查办公环境		办公场所整洁、无乱堆放现象
	1次/日	检查工器具摆放		督导工作期间保洁工具、物品、清洁剂等物资集中存放于指定位置，工具摆放区有标识，工具摆放整齐有序
业主需求、投诉处理	随时	业主需求、投诉处理	《客户需求和投诉事项办理记录表》	第一时间处理客户在保洁方面的服务需求和投诉受理

2.2.3 厂房区域保洁班长

工作步骤	工作频次	工作内容	需要填写的表单	特别提醒
检查仪容仪表	1 次 / 日	着装情况、礼仪情况、礼貌用语		检查是否符合礼仪培训要求
	1 次 / 日	工作纪律		检查是否符合《岗位操作手册》，工作时不得闲谈、做与工作无关事宜等
培训工作	1 次 / 月	按照年度培训计划开展月度培训	《年度培训计划表表》 《月度培训记录表》	与保洁主管共同制订年度培训计划，并每月组织培训
督导检查保洁质量	2 次 / 日	抽查保洁质量	《厂房保洁周记录表》 《厂房设备保洁季度登记表》	抽查区域内的保洁质量，发现不合格的，第一时间督促保洁员进行整改，对整改情况进行检查确认，每日巡查不得少于 2 次
	1 次 / 日	检查消杀工作		检查是否按计划进行、记录是否真实完整
	1 次 / 日	检查垃圾处理		检查是否日产日清、消毒到位
召开例会	1 次 / 日	召开每日例会		每天早上召开班前早会，检查员工礼节礼仪，对前一天工作质量进行总结，对当天的工作提出安排，并进行班前安全交底
保洁物资盘点	1 次 / 日	盘点保洁物资	企业物资系统	做好保洁物资出入库盘点
检查工作环境	1 次 / 日	检查办公环境		办公场所整洁、无乱堆放现象
	1 次 / 日	检查工器具摆放		督导工作期间保洁工具、物品、清洁剂等物资集中存放于指定位置，工具摆放区有标识，工具摆放整齐有序
业主需求、投诉处理	随时	业主需求、投诉处理	《客户需求和投诉事项办理记录表》	第一时间处理客户在保洁方面的服务需求和投诉受理

2.2.4 道路保洁班长

工作步骤	工作频次	工作内容	需要填写的表单	特别提醒
检查仪容仪表	1次/日	着装情况、礼仪情况、礼貌用语		检查是否符合礼仪培训要求
	1次/日	工作纪律		检查是否符合《岗位操作手册》，工作时不得闲谈、做与工作无关事宜等
培训工作	1次/月	按照年度培训计划开展月度培训	《年度培训计划表》 《月度培训记录表》	与保洁主管共同制订年度培训计划，并每月组织培训
督导检查保洁质量	2次/日	抽查保洁质量	《道路保洁记录表》	抽查区域内的保洁质量，发现不合格的，第一时间督促保洁员进行整改，对整改情况进行检查确认，每日巡查不得少于2次
	1次/日	检查消杀工作		检查是否按计划进行、记录是否真实完整
	1次/日	检查垃圾处理		检查是否日产日清、消毒到位
召开例会	1次/日	召开每日例会		每天早上召开班前早会，检查员工礼节礼仪，对前一天工作质量进行总结，对当天的工作提出安排，并进行班前安全教育
保洁物资盘点	1次/日	盘点保洁物资	企业物资系统	做好保洁物资出入库盘点
检查工作环境	1次/日	检查办公环境		办公场所整洁、无乱堆放现象
	1次/日	检查工器具摆放		督导工作期间保洁工具、物品、清洁剂等物资集中存放于指定位置，工具摆放区有标识，工具摆放整齐有序
业主需求、投诉处理	随时	业主需求、投诉处理	《客户需求和投诉事项办理记录表》	第一时间处理客户在保洁方面的服务需求和投诉受理

2.3 区域保洁员

工作重点：
（1）负责区域的卫生清洁质量。
（2）见到客户要主动微笑、点头示意，或者用礼貌用语打招呼。
（3）发现清洁区域内的安全隐患要第一时间报告。

2.3.1 办公区域保洁员

工作步骤	工作频次	工作内容	需要填写的表单	特别提醒
入职培训	上岗前	接受培训		1. 礼仪培训。 2. 理论培训：工作步骤、工作频次和工作内容。 3. 实操培训：需填写的表单；必须掌握的实操技能（吸尘机、抛光机的使用、洗手间黄垢处理）。 4. 安全注意事项 【以上内容经岗前考核合格后，方可上岗（可补考一次）】
办公室清洁	市区 1次／日、生产区域 2次／日	**市区：** 每日业主下班后清洁室内卫生（“零”打扰）。 **生产区域：** 每日上、下午业主上班前各清洁一次	《公共区域保洁记录表》	1. 擦拭所有的文件柜、办公桌及桌面的电脑电话等物品。 2. 地毯地面：地面有垃圾的需要吸尘，清扫干净；普通地面：打扫后要用拖布清洁干净。 3. 更换垃圾袋，金属垃圾桶需要擦拭干净。 4. 业主下班后，检查并关闭办公室、会议室等的空调、照明及门窗
会议室、楼层公共区域和楼梯间清洁	2次／日	每日中午和业主下午下班后清洁会议室、楼层公共区域和楼梯间，擦拭室内物品、清洁地毯地面、更换垃圾袋，清洁室外区域和楼梯间		1. 打扫办公室外公共区域和楼梯间，打扫后要用拖布清洁干净。 2. 楼梯间墙角有蜘蛛网等，需要清洁干净。 3. 会议室打扫按业主需求随叫随到

（续表）

工作步骤	工作频次	工作内容	需要填写的表单	特别提醒
卫生间清洁	1次/2小时	清洁卫生间	《卫生间保洁记录表》	1. 大、小便池要清洁干净。 2. 垃圾篓的垃圾超2/3时要清理。 3. 洗手液、纸巾等不足时要更换。 4. 洗手台面有污渍或水时，要清洁干净。 5. 每周彻底清洁洗手间内墙面、隔板1次
电梯清洁	1次/日	清洁电梯	《公共区域保洁记录表》	1. 全面擦拭轿厢内壁和电梯门。 2. 电梯轿厢内地面用拖布清洁干净，有铺地毯的，应卷起后移到室外拍打干净灰尘。 3. 打扫完后在轿厢内喷洒适量空气清新剂。 4. 每周进行一次全面的清洁
停车场清洁	1次/日	清洁停车场	《室外保洁记录表》	1. 每天巡视地面，有香口胶、油渍等要第一时间处理。 2. 对2米以下的公共设施设备进行全面清洁。 3. 定期清洁：每周清除墙面、灯具等处的蜘蛛网及灰尘；每月至少一次冲洗地面及清理排水沟；每季度至少一次对高位区域进行全面清洁
垃圾处理	1次/日	清理清运垃圾	《垃圾清运记录表》	1. 更换垃圾袋后要按指定路线清运。 2. 当天垃圾收集完后，须对垃圾中转站地面和垃圾车进行冲洗
地毯清洁	1次/月	清洁地毯	《公共区域保洁记录表》	1. 地毯应平整、色泽均一，无污渍、无胶迹、无烫伤、无板结。 2. 每日局部吸尘一次，随时保洁。 3. 每周全面吸尘一次，局部去污一次。 4. 每月机器清洗一次

（续表）

工作步骤	工作频次	工作内容	需要填写的表单	特别提醒
大理石维护	2次／日	大理石维护	《公共区域保洁记录表》	1. 每日拖地一次，随时保洁。 2. 每周单擦机清洗一次，抛光一次。 3. 每月晶面处理一次或打蜡两次。 4. 禁止用强酸碱性药剂（盐酸、硫酸、烧碱、天那水等）进行清洗

2.3.2 室外区域保洁员

工作步骤	工作频次	工作内容	需要填写的表单	特别提醒
入职培训	上岗前	接受培训		1. 礼仪培训。 2. 理论培训：工作步骤、工作频次和工作内容。 3. 实操培训：需填写的表单；必须掌握的实操技能（洗地机、吸水机、高压水枪的使用）。 4. 安全注意事项 【以上内容经岗前考核合格后，方可上岗（可补考一次）】
岗位区域巡扫	1次／日	清理区域内垃圾	《室外保洁记录表》	上班后首先清除责任区域内明显垃圾，确保地面无明显纸屑、烟头、杂物等
岗亭、大门保洁	1次／日	清擦区域内岗亭、大门		每日清擦一次，确保无明显灰尘、污迹、杂物
地面清扫保洁	1次／日	清扫地面		每日全面清扫一遍，路面油污配合清洁剂清洁，地面粘黏香口胶等用铲刀清除，确保地面无杂物、积水、泥沙、污渍等
室外家具保洁	1次／日	擦拭桌椅		1. 用干净的湿毛巾擦拭责任区域的桌椅。 2. 如有顽固污渍的，配合适当的清洁剂进行清洁

（续表）

工作步骤	工作频次	工作内容	需要填写的表单	特别提醒
健身场所、健身路径保洁	1次/日	清扫健身场所及路面		1. 健身场所设施先用鸡毛掸子拂拭表面灰尘，再用干净的湿毛巾，按照从上到下、从里到外的顺序进行清洁。 2. 用拖把将地面湿拖一遍，如有顽固污渍的，配合适当的清洁剂进行清洁
水景保洁	2次/日	清理水景		对水景杂物进行打捞清理，确保无明显落叶、垃圾等杂物
公共设施保洁	2次/日	擦拭公共设施		用干净的湿毛巾擦抹灯具、标识牌、园林小品、垃圾桶等设施，按照由高到低的顺序进行清洁，如有顽固污渍的，配合适当的清洁剂进行清洁，确保表面无蜘蛛网、灰尘、污渍
垃圾清理	1次/日	清理清运垃圾	《垃圾清运记录表》	1. 当天垃圾收集完毕后，须第一时间对垃圾车进行冲洗，再放回原处。 2. 对垃圾中转站地面进行冲洗，冲洗后应扫除积水。 3. 垃圾清运要日产日清，垃圾清运过程由项目环境负责人进行监督，并记录。 4. 每周对垃圾房、垃圾桶进行消毒处理，消除异味
化粪池清理	按需	清理化粪池	《化粪池清理工作记录表》	1. 化粪池应当有容积标识。 2. 化粪池盖板应当牢固，应当无污水、异味溢出
有害生物防治	按需	开展防“四害”工作	《病虫害防治记录表》 《病虫害药品管理登记表》	1. 有害生物防治时，应提前一天张贴温馨告示，告示应在防治结束后至少保留3天时间。 2. 消杀药剂应符合国家规定，消杀时应设置安全警示标识，消杀作业人员应佩戴防护工具。 3. 物业服务区域内应当无明显蚊、蝇、蟑螂、老鼠活动

2.3.3 厂房区域保洁员

2.3.3.1 设备保洁项目（参考）

工作步骤	工作频次	工作内容	需要填写的表单	特别提醒
厂区配电中心	1 次 /2 周	清洁设备表面	《厂房设备保洁季度登记表》	1. 入职培训 1.1 礼仪培训。 1.2 理论培训：工作步骤、工作频次和工作内容。 1.3 实操培训：须填写的表单；必须掌握的实操技能（设备表面保洁）。 1.4 安全注意事项。 【以上内容经岗前考核合格后，方可上岗（可补考一次）】 2. 设备表面拭去灰尘、蜘蛛网及其他异物。 3. 使用可以拭去油污的抹布擦干净表面油污和其他污渍。 4. 清扫干净调速器顶部的脚印等污渍。 5. 遵循业主单位安全管理规定和相关服务合同条款要求进行厂房设备保洁
主厂房	1 次 / 周			
母线洞	1 次 / 周			
主变廊道各室	1 次 / 周			
启动母线廊道、SFC 室及室内 GIS 室	1 次 / 周			
副厂房	1 次 / 周			
尾闸室	1 次 / 年			
支洞	1 次 / 年			
电缆层	1 次 / 年			
500kV 电缆洞、通风洞	1 次 / 年			
排风楼	1 次 / 季度			
开关站	1 次 /2 月			
上、下库进出水口平台	1 次 / 季度			

2.3.3.2 地面保洁项目（参考）

工作步骤	工作频次	工作内容	需要填写的表单	特别提醒
岗位区域巡扫	1次/日	清理区域内地面、台面、楼梯、厕所、电梯等处的垃圾、灰尘和杂物	《厂房保洁周记录表》	1. 入职培训 1.1 礼仪培训。 1.2 理论培训：工作步骤、工作频次和工作内容。 1.3 实操培训：须填写的表单；必须掌握的实操技能（洗地机、吸尘机及抛光机的使用）。 1.4 安全注意事项。 【以上内容经岗前考核合格后，方可上岗（可补考一次）】 2. 上班后首先清除责任区域内明显垃圾，确保地面无明显纸屑、烟头、杂物等。 3. 地面、台面、椅子清扫干净，清理走垃圾。 4. 楼梯用半干的拖把拖干净。 5. 水渍须在短时间之内自然风干，不影响行人。 6. 保持中控室地面清洁、台面整洁。 7. 保持厕所干净无异味。 8. 保持电梯干净无异味、异物。 9. 地面、楼梯清扫干净，栏杆擦拭干净，应将地面用拖把拖干净，清理走小动物尸体、昆虫尸体及其他异物。 10. 遵循业主单位安全管理规定和相关服务合同条款要求进行厂房地面保洁
厂区配电中心	1次/周			
主、副厂房	1次/周			
开关站	1次/周			

2.3.4 道路保洁员

<table>
<tr><th>工作步骤</th><th>工作频次</th><th>工作内容</th><th>需要填写的表单</th><th>特别提醒</th></tr>
<tr><td>道路清扫</td><td>1 次 / 周</td><td rowspan="8">道路清扫、排水沟清理、道路两旁洒水</td><td rowspan="8">《道路保洁记录表》</td><td rowspan="8">1. 入职培训
1.1 礼仪培训。
1.2 理论培训：工作步骤、工作频次和工作内容。
1.3实操培训：须填写的表单；必须掌握的实操技能（高压水枪的使用）。
1.4 安全注意事项。
【以上内容经岗前考核合格后，方可上岗（可补考一次）】
2. 遵循业主单位相关服务合同条款要求进行道路保洁</td></tr>
<tr><td>排水沟、截水沟清理、洞口冲沟（涵洞）清理</td><td>1 次 / 月</td></tr>
<tr><td>景观绿化带杂物清理</td><td>1 次 / 月</td></tr>
<tr><td>上中下层排水廊道路面及排水沟清理清扫</td><td>1 次 / 月</td></tr>
<tr><td>自流排水洞及洞口清理</td><td>1 次 / 月</td></tr>
<tr><td>支洞路面及排水沟清理清扫</td><td>1 次 / 月</td></tr>
<tr><td>清除挡土墙、边坡的杂草</td><td>按需</td></tr>
</table>

三、绿化服务岗位操作手册

3.1 绿化主管

3.2 绿化班长

3.3 室内绿化员

3.4 室外绿化员

3.1 绿化主管

工作步骤	工作频次	工作内容	需要填写的表单	特别提醒
检查仪容仪表	1 次 / 日	着装情况、礼仪情况、礼貌用语		检查是否符合礼仪培训要求
	1 次 / 日	工作纪律		检查是否符合《岗位操作手册》，工作时不得闲谈、做与工作无关事宜等
培训工作	按需	入职培训	《新入职员工培训表》 《岗前考核表》	1. 礼仪培训。 2. 理论培训：工作步骤、工作频次和工作内容。 3. 实操培训：须填写的表单；必须掌握的实操技能。 4. 安全注意事项
	1 次 / 月	按照年度培训计划开展月度培训	《年度培训计划表》 《月度培训记录表》	每月组织一次专业知识培训，包括绿化操作要求、岗位职责等
督导检查绿化质量	2 次 / 日	抽查绿化质量	《绿化养护日常巡查表》	抽查区域内的绿化养护质量，发现不合格的，及时督促绿化班长进行整改，对整改情况进行检查确认，每日抽查不得少于两次。 （电厂：一周内要检查完所有区域；办公楼：一天内要检查完所有区域）
	1 次 / 周	检查病虫防治		检查是否按计划进行、记录是否真实完整
	2 次 / 周	检查垃圾处理		检查是否日产日清
召开例会	1 次 / 月	召开月度例会	《月度例会登记表》	每月第一周召集绿化班长开会，讨论上月绿化养护质量、绿化用品费用等方面的不足，商量整改措施，必须讨论出存在的不足
绿化物资盘点	1 次 / 月	盘点物资、分析费用	企业物资系统	1. 做好绿化物资出入库盘点。 2. 分析绿化物资数量及费用、日常性开支等费用是否合理、使用是否规范

（续表）

工作步骤	工作频次	工作内容	需要填写的表单	特别提醒
检查工作环境	1次／日	检查办公环境、工器具摆放		办公场所整洁、无乱堆放现象。绿化物品、清洁剂等物资集中存放于指定位置，工具摆放区有标识，工具摆放整齐有序
	1次／日	检查工器具作业规范		1. 高空作业，做好防护措施。 2. 绿化工器具人走断电、规范操作。 3. 每月检查一次绿化机械保养情况
业主需求、投诉处理	随时	业主需求、投诉处理	《客户需求和投诉事项办理记录》	第一时间处理客户在绿化养护方面的服务需求和投诉受理

3.2 绿化班长

工作重点：

（1）监督检查每个绿化区域质量，发现不合格的情况第一时间督促绿化员进行整改到位。

（2）第一时间处理客户在绿化方面的需求和投诉。

（3）做好绿化员入职前的业务培训和日常培训。

（4）做好绿化用品费用、台账、出入库管理。

工作步骤	工作频次	工作内容	需要填写的表单	特别提醒
检查仪容仪表	1次／日	着装情况、礼仪情况、礼貌用语		检查是否符合礼仪培训要求
	1次／日	工作纪律		检查是否符合《岗位操作手册》要求，工作时不得闲谈、做与工作无关事宜等
培训工作	1次／月	按照年度培训计划开展月度培训	《月度培训记录表》	按照年度培训计划开展月度培训

（续表）

工作步骤	工作频次	工作内容	需要填写的表单	特别提醒
督导检查绿化质量	2次/日	抽查绿化质量	《绿化养护日常巡查表》	抽查区域内的绿化养护质量，发现不合格的，第一时间督促绿化员进行整改，对整改情况进行检查确认，每日抽查不得少于两次（电厂：一周内要检查完所有区域；办公楼：一天内要检查完所有区域）
	1次/日	检查病虫防治		检查是否按计划进行、记录是否真实完整
	1次/日	检查垃圾处理		检查是否日产日清
召开班前会	1次/日	召开班前会		1. 每天早上召开班前早会，检查员工礼节礼仪。 2. 安排室内绿植更换或补充、室外绿化养护计划。 3. 进行班前安全教育
绿化物资盘点	1次/月	盘点物资、分析费用	企业物资系统	1. 做好绿化物资出入库盘点。 2. 分析绿化物资数量及费用、日常性开支等费用是否合理、使用是否规范
检查工作环境	1次/日	检查办公环境、工器具摆放		1. 督导办公场所整洁、无乱堆放现象。 2. 督导绿化工具、物品、清洁剂等物资集中存放于指定位置，工具摆放区有标识，工具摆放整齐有序
	1次/日	检查工器具作业规范		1. 高空作业，做好防护措施。 2. 绿化工器具人走断电、规范操作
业主需求、投诉处理	随时	业主需求、投诉处理	《客户需求和投诉事项办理记录》	第一时间处理客户在绿化养护方面的服务需求和投诉受理

3.3 室内绿化员

工作重点：
（1）负责区域的绿化养护质量。
（2）见到客户要主动微笑、点头示意，或者用礼貌用语打招呼。
（3）发现绿化区域内的安全隐患要第一时间报告。

工作步骤	工作频次	工作内容	需要填写的表单	特别提醒
入职培训	按需	接受培训		1. 礼仪培训。 2. 理论培训：工作步骤、工作频次和工作内容。 3. 实操培训：须填写的表单；必须掌握的实操技能（除草、松土、培土、浇水、施肥、修剪、清洁工器具的使用）。 4. 安全注意事项 【以上内容经岗前考核合格后，方可上岗（可补考一次）】
日常保洁	1次/周	清理、擦拭室内区域绿植		1. 确保区域内的绿植内无垃圾、杂物等。 2. 对室内绿植擦拭一次，包括花叶、花盆、套盆等，确保绿植叶面无明显积尘、无枯枝枯叶，花盆及套盆清洁干净
除杂草、松土、培土	按需	绿植除杂草、松土、培土	《绿化养护日常记录表》	1. 根据植物养护要求松土、培土，详见《岗位培训手册》。 2. 绿篱、垂直绿化、花坛一般每月松土一次
绿植浇水	按需	绿植浇水		根据植物养护要求浇水，详见《岗位培训手册》
施肥	按需	绿植施肥		根据培训手册中植物的养护要点施肥
修剪整型	按需	修剪绿植		1. 绿篱和花坛修剪整形要确保表面平整，轮廓清晰；花球修剪应确保重心适当，形态美观匀称，无突出长枝；地被植物高度须保持一致，边缘整齐。 2. 修剪时尽量减少伤口，剪口要平，不能留有树茬

（续表）

工作步骤	工作频次	工作内容	需要填写的表单	特别提醒
病虫害防治	按需	防治绿植病虫害		1. 根据病虫害本身、植物生长及气温变化的特点掌握施药的时机。 2. 病虫防治还要区分药物的类型，通常采用微毒、内吸、触杀、熏蒸等药物类型。 3. 按照药剂说明配制药液浓度。 4. 防治时应尽量交替使用药剂，减少病虫害的抗药性

3.4 室外绿化员

工作重点：

（1）负责区域的绿化养护质量。

（2）见到客户要主动微笑、点头示意，或者用礼貌用语打招呼。

（3）发现绿化区域内的安全隐患要第一时间报告。

工作步骤	工作频次	工作内容	需要填写的表单	特别提醒
入职培训	按需	接受培训		1. 礼仪培训。 2. 理论培训：工作步骤、工作频次和工作内容。 3. 实操培训：须填写的表单；必须掌握的实操技能（除草、松土、培土、浇水、施肥、修剪、清洁工器具的使用）。 4. 安全注意事项 【以上内容经岗前考核合格后，方可上岗（可补考一次）】
日常保洁	1次／日	户外绿化保洁		确保绿化带内无垃圾、杂物、石块等
除杂草、松土、培土	按需	除杂草、松土、培土	《绿化养护日常记录表》	1. 用手或锄头将草根一起除掉，大面积杂草可用除草剂除草

（续表）

工作步骤	工作频次	工作内容	需要填写的表单	特别提醒
除杂草、松土、培土	按需	除杂草、松土、培土	《绿化养护日常记录表》	2. 对于草坪土壤板结和人为践踏严重地带，可用沙壤土混合有机肥料补施，以保障生长整齐、划一，青绿度高、弹性好，整齐美观。 3. 单植灌木和乔木要按实际情况进行松土和培土。行道树和绿地新种植两年以内的乔木应进行松、培土，雨后松土和除杂草。 4. 垂直绿化松土沟宽应小于或等于20厘米，单植灌木树冠离地大于或等于50厘米的松土沟宽应小于或等于20厘米
浇水	按需	浇水		1. 根据植物养护要求浇水，详见《岗位培训手册》。 2. 室外植物浇水，4—11月，在9点之前16点之后，11月—次年3月，在9点至17点之间浇水。 3. 刚修剪过的植物，避免把水浇在伤口上。 4. 浇水时控制好水压，避免将泥土冲流到路面或溅到墙上及行人
施肥	按需	施肥		1. 乔木、灌木一般每年施肥2—3次，施肥量根据树木的种类和生长情况而定，种植三年以内的乔木要适当增加施肥量和次数，肥料要埋施，打穴或开挖沟，施肥后要回填土踏实、淋足水、找平，禁止肥料裸露或撒落在灌木叶、芽上。 2. 穴施的规格一般为30厘米×30厘米×40厘米，挖沟的规格为30厘米×40厘米，挖穴或开沟的位置一般是树冠外缘的投影（行道树除外），每株挖对称的两穴或四穴，肥料以有机肥为主，化肥为辅，混合施用

（续表）

工作步骤	工作频次	工作内容	需要填写的表单	特别提醒
种植、移栽或补植	按需	种植、移栽或补植		1. 新植或移植绿植时，须剪去三分之二的枝叶，对须根少或难成活的树木须剪掉所有树叶，只保留树干；留置足够大的土球，切断主根，保持足够的须根，确保成活率。 2. 铺种草皮时，草皮之间须保留适当的间距。 3. 有枯死或黄土裸露要第一时间补植，补植后加强养护，确保乔灌木无缺株、死株，绿篱无断层。 4. 在天气炎热期种植树木，须采取遮阴措施
修剪整型	按需	修剪整形		1. 草坪控制在 3—5 厘米，蟛蜞菊控制在 20 厘米以内，对剪草机不能剪到的树边、墙角等部位，用剪刀或割灌机做割边处理。 2. 花灌木和草本花卉在花芽分化前进行修剪，花谢后第一时间将残花剪去，常年开花植物要有目的地培养花枝，促使其花芽分化。 3. 乔木整形效果要与周围环境协调，行道树修剪要保持树冠完整美观，主侧枝分布匀称、数量适宜，内膛不空又通风透光，树高一般控制在 10—17 米之间。 4. 修剪时尽量减少伤口，剪口要平，不能留有树茬。 5. 枯枝、病虫枝、荫枝、下垂枝及下缘线下的萌蘖枝要第一时间剪除。 6. 乔木树枝禁止遮挡路灯、交通指示牌，影响高压线、行人等

（续表）

工作步骤	工作频次	工作内容	需要填写的表单	特别提醒
病虫害防治	按需	病虫害防治		1. 根据病虫害本身、植物生长及气温变化的特点掌握施药的时机。 2. 病虫防治还要区分药物的类型，通常采用微毒、内吸、触杀、熏蒸等药物类型。 3. 按照药剂说明配制药液浓度。 4. 防治时应尽量交替使用药剂，减少病虫害的抗药性
保养绿化机械	1 次 / 月	绿化机械保养		每月对剪草机、割灌机等绿化机械至少保养一次

四、安保服务岗位操作手册

4.1　安保主管（队长）
4.2　安保领班（班长）
4.3　监控岗安保员
4.4　巡逻岗安保员
4.5　固定岗安保员（含大堂岗、门岗、停车场岗等）
4.6　电厂厂房岗安保员

4.1 安保主管（队长）

工作步骤	工作频次	工作内容	需要填写的表单	特别提醒
培训工作	按需	开展新入职安保员岗前培训	《新入职员工培训表》	1. 安保岗位的设置、岗位职责、行为规范。 2. 工作重点和难点、工作步骤和工作内容。 3. 军事训练培训、业务能力培训。 4. 实操及应急处置等 【以上内容经岗前考核合格后，方可上岗（可补考一次）】
	4 次 / 月	按照年度培训计划开展月度培训	《年度培训计划表》 《月度培训记录》	1. 按照年度培训计划及临时培训需求，结合《岗位培训手册》和礼仪培训开展培训。 2. 每周一小训、每月一大训
应急工作	1 次 / 年	制订年度应急演练计划	《年度应急演练计划》	根据业主单位火灾事故应急预案、生产场所防恐怖袭击应急预案、突发性群体事件应急预案 3 项应急预案，制订相应的应急演练计划并报送至业主单位
	2 次 / 年	组织开展应急演练	《应急演练方案》	根据年度应急演练计划，制订相应应急演练方案并组织开展应急演练，对不足之处进行改进
日常检查、考评工作	1 次 / 日	检查安保责任区域	《安全防范监督检查记录表》	1. 检查安保责任区域安保人员工作是否达标、车辆及人员出入管理是否到位、物防技防设施设备是否损坏、区域内是否存在安全隐患等等。 2. 对发现的安全隐患、安保设施设备隐患等问题要及时安排人员进行整改。责任范围以外的，及时上报业主单位 【电厂：电厂内办公生活区域，一天内检查完毕；上库、开关站等一周检查 2 次；办公楼：一天内检查完毕】

（续表）

工作步骤	工作频次	工作内容	需要填写的表单	特别提醒
日常检查、考评工作	1次/月	组织人员召开月度例会，开展每月考勤工作管理	《月度例会登记表》	1. 通报当月工作纪律（包含但不限于：仪容仪表、到岗情况、缺勤情况、变动情况等），填写《月度例会登记表》。 2. 通报工作情况及解决存在的不足
消防管理工作	1次/月	开展消防管理工作	《消防设施月度检查卡》	1. 按要求每月开展消防设施设备检查工作。 2. 配合业主单位执行消防安全宣传和消防演习等工作，落实相应安保责任
业主需求、投诉处理	按需	处理客户需求及投诉事项	《客户需求和投诉事项处置表》	第一时间到达现场，处理客户需求及投诉事项，并及时反馈处理结果

4.2　安保领班（班长）

工作项目	工作频次	具体工作内容	需要填写的表单	特别提醒
检查仪容仪表	1次/日	着装情况、礼仪情况、礼貌用语		检查是否符合礼仪培训要求
	1次/日	工作纪律		检查是否符合《岗位操作手册》要求，工作时不得闲谈、做与工作无关事宜等
培训工作	4次/月	按照年度培训计划开展月度培训	《月度培训记录》	1. 按照年度培训计划开展月度培训。 2. 在主管（队长）的安排下开展好每周一小训，并协助主管（队长）组织好每月一大训
交接班	1次/班	班前会		1. 所有早班接班人员须于接班前15分钟到达指定地点集合。 2. 点名，强调工作纪律，特别交办事项及工作礼仪

（续表）

工作项目	工作频次	具体工作内容	需要填写的表单	特别提醒
交接班	1次/班	开展交接班工作	《工作交接记录表》	1. 填写《工作交接记录表》，对当值期间完成的工作事项和例外事项进行认真、准确、完整记录。 2. 对上一班未完成的工作事项督促当值安保员完成，并做好相关记录。 3. 清点各岗位物资设备（监控视频、对讲机、防爆物资等）数量，确认是否完好
区域巡察	1次/2小时	检查服务区域，确保落实到位		按照服务区的巡查路线，检查管辖区域内的公共设施、摆设、物品有无异常，人员、车辆进出秩序是否正常
安全工作	按需	负责服务区域内的治安防范和消防安全管理工作	《消防设施月度检查卡》	向上级汇报在本班次发现的一切不安全因素或发生的重大事件，并及时予以消除或处理
业主需求、投诉处理	按需	处理客户需求及投诉事项	《客户需求和投诉事项处置表》	第一时间到达现场处理客户需求及投诉事项，及时反馈处理结果

4.3 监控岗安保员

工作步骤	工作频次	工作内容	需要填写的表单	特别提醒
岗前准备	按需	仪容仪表检查		在岗期间保持服装穿戴整齐、整洁，仪容仪表端正、岗位形象良好
交接班工作	1次/班	做好交接班工作	《工作交接记录表》	1. 提前15分钟接班，将物品摆放整齐、卫生清理后方可交予下一班。 2. 接班人员须对视频监控系统运行状况进行确认，并对本岗位范围内的安保物品进行清点，认真检查是否存在异常情况，如有及时向当值领班（班长）报告跟进处理

（续表）

工作步骤	工作频次	工作内容	需要填写的表单	特别提醒
日常监控	按需	做好日常监控，并配合各班岗做好联动处置		1. 监控管理服务区域人员、车辆、大件物品出入情况，配合各门岗管控。 2. 密切监视各视频监控画面，与各岗位保持密切联系。发现异常情况，立即通知领班（班长）及相关岗位的人员处理
故障登记	据实登记	通过监控系统观察相应系统指示灯及设备情况，做好故障登记	《监控岗工作信息记录表》	1. 值班人员要密切关注消防系统报警信息，及时检查异常情况，并上报当班领班（班长）。 2. 监控屏幕突然出现故障时，应及时通知领班（班长），由领班（班长）查明原因后，报相关的维保公司前来处理，并将故障情况记录在《监控岗工作信息记录表》上
应急值班	按需	落实应急值班各项工作要求		1. 监控岗实行 24 小时值班制度，负责对物业项目消防系统正常运行的监控管理。 2. 值班人员必须坚守岗位。如因工作需要临时离岗，必须由领班（班长）安排人员替岗。 3. 消防中心电话为紧急专用电话，严禁当值人员无故使用消防中心电话。 4. 每日凌晨 00:00 至 06:00 期间，监控中心每 30 分钟呼叫各岗位 1 次。 5. 严禁无关人员进入监控（消防）中心，严禁在监控（消防）中心聊天、聚会影响消防值班

（续表）

工作步骤	工作频次	工作内容	需要填写的表单	特别提醒
业主需求、投诉处理	按需	处理客户需求及投诉事项	《监控室出入人员情况登记表》《监控室录像调取情况登记表》《客户需求和投诉事项处置表》	1. 第一时间到达现场处理客户需求及投诉事项，及时反馈处理结果。 2. 外部人员要求查看监控录像须上报安保主管（队长）批准，并由安保主管（队长）陪同查看，并填写《监控室出入人员情况登记表》。 3. 录像拷贝须由安保主管（队长）或物管负责人陪同，采用截屏或节选拷贝的方式复制提供，并在《监控岗工作信息记录表》上记录

4.4 巡逻岗安保员

工作步骤	工作频次	工作内容	需要填写的表单	特别提醒
岗前准备	按需	仪容仪表检查		1. 在岗期间保持服装穿戴整齐、整洁，仪容仪表端正、岗位形象良好。 2. 站姿必须符合“立正、跨立”的动作
交接班工作	1 次 / 班	做好交接班工作	《工作交接记录表》	提前 15 分钟接班，清点下一班巡逻所需各项安保物品并交予下一班当值人员
治安巡逻	1 次 /2 小时	开展安保巡逻		1. 根据服务区域巡逻线路，选择徒步或交通巡逻，每班次巡逻不少于 2 次。 2. 巡逻时，使用巡更器在指定点打卡签到。 3. 巡逻时，要做到“三轻一小”（即动作轻、语言轻、脚步轻，对讲机声音放小）“四多”（即多看、多听、多嗅、多问）

（续表）

工作步骤	工作频次	工作内容	需要填写的表单	特别提醒
设备巡检	1次/2小时	开展安保巡逻检查	《巡逻检查发现问题情况表》	1. 检查治安、防火、防盗、防水浸等情况，发现问题立即采取措施进行处理，并马上通知监控中心和领班（班长）。 2. 检查消防设备、设施（即烟感、温感、破玻、警铃、消防栓、灭火器、正压送风口、应急照明、安全出口指示灯等）是否完好。 3. 检查防火门是否关闭，机房门、电井门等是否锁闭及有无损坏。检查各楼层办公房门以及车场停放车辆的门、窗是否锁好。 4. 在服务区域内巡查，发现有可疑人员，要前往礼貌盘问、检查证件，必要时要检查其所带物品，并及时报安保领班（班长）跟进处理，详细记录情况发生时间及确切位置
问题记录	按需	记录巡逻检查中发现的问题		巡逻检查中发现的问题要逐级上报安保班长、安保队长，填写《巡逻检查发现问题情况表》
业主需求、投诉处理	按需	处理客户需求及投诉事项	《客户需求和投诉事项处置表》	第一时间到达现场处理客户需求及投诉事项，及时反馈处理结果

4.5 固定岗安保员（含大堂岗、门岗、停车场岗等）

工作步骤	工作频次	工作内容	需要填写的表单	特别提醒
岗前准备	按需	仪容仪表检查		1. 在岗期间保持服装穿戴整齐、整洁，仪容仪表端正、岗位形象良好。 2. 站姿必须符合“立正、跨立”的动作
交接班工作	1 次 / 班	做好交接班工作	《工作交接记录表》	1. 提前 15 分钟接班，将物品摆放整齐、卫生清理后方可交予下一班。 2. 参与晨会及所在班岗的碰头会，了解上一班岗存在的问题，继续跟进处理相关问题。 3. 安保人员接班时必须对本岗位范围内的安保设施、设备进行检查和清点，认真检查是否存在异常情况，如有及时向当值领班（班长）报告跟进处理
日常工作	按需	落实人员、车辆、物品出入登记	《外来人员、车辆出入登记表》 《物品放行条》	1. 负责对进出人员、车辆、大件物品及进出秩序的管理和维护。 2. 严格落实人员及车辆出入“双登记”制度，填写《外来人员、车辆出入登记表》。核实人员及车辆报备情况，禁止其他无关人员任意进出。 3. 严格落实物品出入管理制度，对带出的大件物品一律凭《物品放行条》放行，做到进场有登记。 4. 车辆出入口安保固定岗位还要负责车辆出入口的畅通，保持道闸正常开闭，防止车辆冲闸。 5. 车辆离开时，要求仔细观察车辆和驾驶员，对于载有货物的车辆，要求到车辆前面向司机敬礼，再礼貌盘查，收取《物品放行条》，核对无误后方可放行；若发现有问题立即扣留车辆，并及时逐级上报至主管（队长）

（续表）

工作步骤	工作频次	工作内容	需要填写的表单	特别提醒
客户服务工作	按需	处理客户需求及投诉事项	《客户需求和投诉事项处置表》	第一时间到达现场处理客户需求及投诉事项，及时反馈处理结果

4.6 电厂厂房岗安保员

工作步骤	工作频次	工作内容	需要填写的表单	特别提醒
岗前准备	按需	仪容仪表检查		1. 在岗期间保持服装穿戴整齐、整洁，仪容仪表端正，岗位形象良好。 2. 站姿必须符合“立正、跨立”的动作
交接班工作	1 次 / 班	做好交接班工作	《工作交接记录表》	1. 提前 15 分钟接班，将物品摆放整齐、卫生清理后方可交予下一班。 2. 参与晨会及所在班岗的碰头会，了解上一班岗存在的问题，继续跟进处理相关问题解决。 3. 员工接班时必须对本岗位范围内的安保设施、设备进行检查和清点，认真检查是否存在异常情况，如有及时向当值领班报告跟进处理
人员出入登记	按需	做好人员出入登记、检查	《外来人员、车辆出入登记表》	1. 按业主单位安全规定，检查出入人员工作证，无证件或无关人员禁止进入厂房内。 2. 进入厂房的人员均须佩戴好安全帽，参观人员还须由业主单位相关人员陪同进入厂房。 3. 外来人员进入厂房须登记
消防栓设施设备巡检	1 次 / 每月	开展消防设备月度检查维护		负责管理范围内的灭火器、消防栓、消防箱、水带等消防设施设备的例行检查维护，检查结果及时上报业主单位

（续表）

工作步骤	工作频次	工作内容	需要填写的表单	特别提醒
厂房设备巡查	1次/2小时	开展对厂房设备设施安全巡逻检查，发现问题及时向业主主管部门汇报	《厂房安全巡视记录表》	1. 厂房按要求严格执行24小时值班制度。按业主单位制订的设备巡检路线，巡查设备是否异常。 2. 巡视设备要严格按照“五到一不漏”原则进行，即该看到的看到，该走到的走到，该听到的听到，该闻到的闻到，该想到的想到，不漏掉厂房任何异常情况。 3. 安保员在巡查过程中发现设备异常应第一时间向业主单位运行部门汇报，不得延误；巡查过程中应注意安全，不触碰厂房任何设备，防止发生事故。 4. 巡查区域主要有主厂房、母线洞、主变廊道各室、启动母线廊道、SFC室、洞内GIS室、副厂房、支洞、尾闸室、500kV高压电缆洞、电缆夹层等。 5. 巡逻路线（具体巡检路线以业主单位要求为准）

五、工程服务岗位操作手册

5.1 工程主管

工作步骤	工作频次	工作内容	需要填写的表单	特别提醒
检查仪容仪表	1次／日	着装及佩戴用具情况	《劳动防护用品佩戴检查表》	检查是否穿工作服、佩戴劳动防护用品
	1次／日	工作纪律		检查是否符合《岗位操作手册》，工作时不得闲谈、做与工作无关事宜等
培训及资质审核	按需	入职培训	《新入职员工培训表》 《岗前考核表》	1. 礼仪培训。 2. 理论培训：工作步骤、工作频次和工作内容。 3. 实操培训：需填写的表单；必须掌握的实操技能（安全作业规程、电力作业基础知识、高空作业安全防护技能等）。 4. 安全注意事项
	上岗前	入职审核		审核入职工程维修人员是否达到持证上岗标准
	1次／月	按照年度培训计划开展月度培训	《年度培训计划表》 《月度培训记录》	每月组织一次专业知识、维修操作、岗位职责等内容的培训，培训后应第一时间开展考核
制定和执行工作计划	1次／年	编制年度计划及方案		与物业总监分析单位实际情况，编制下一年度维修计划和工作方案
	1次／月	编制并执行设备设施维保计划		与专业班组集体研究设备设施维修需要，编制月度维保计划，在日常工作中贯彻执行
工作现场巡查督导	1次／天	工程服务现场巡查督导	工作日记本（个人留存，不定期抽查）	每天开展一次工程服务现场巡查督导，并将工作情况记录在工作日记本上；监督工程项目施工质量，第一时间解决工程中的难题
检查设备运行情况	1次／周	检查运行情况第一时间组织维修	《设备运行情况巡检表》	检查每个区域的设备运行情况（所有设备必须检查到位），发现设备运行出现问题时，要第一时间组织工程维修人员对设备进行维修

（续表）

工作步骤	工作频次	工作内容	需要填写的表单	特别提醒
				电厂办公楼区域：一周内检查完所有设备 宿舍区域：一周内检查完所有设备 饭堂区域：一周内检查完所有设备 厂房区域：一周内检查完所有设备
处理业主需求和投诉事项	按需	处理需求和投诉	《客户需求和投诉事项办理记录》	第一时间处理业主在工程维修方面的需求和投诉事项，第一时间反馈处理结果
召开有关会议	1次/月	召开月度例会	《月度例会登记表》	每月组织召开工程维修人员会议，讨论当月工程设备维护保养所遇到的问题，制订整改措施，分享工程专业知识以及行业资讯
	1次/月	召开成本分析会议		每月组织召开月度成本分析会。分析耗品数量及费用、设备设施维修费、日常性开支等费用是否合理、使用是否规范
管理外包工程	按需	全过程管理外包工程	1.《生产项目承包商入场风险评估表》 2.《施工安全责任协议书》 3.《承包商施工机械、安全工器具及进场材料检查表》 4.《项目开工前安全技术交底单》 5.《承包商现场人员情况表》 6.《承包商临时用电、用水申请表》	1. 检查外包工程项目人员工作资质。 2. 检查承包商提供的工作方案，查阅方案是否符合工程要求及有无明确所有的安全措施。 3. 对承包商工程项目人员进场前进行安全交底，经考核合格后方可施工作业。 4. 施工过程安排专人跟进，检查工程质量及安全措施是否落实到位，发现问题督促整改

（续表）

工作步骤	工作频次	工作内容	需要填写的表单	特别提醒
			7.《项目管理记录表》 8.《承包商每日工前安全技术交底单》	
检查工作环境	1 次 / 日	检查办公环境		办公场所整洁、无乱堆放现象
	1 次 / 日	检查工器具摆放		检查工作期间工器具等物资是否集中存放于指定位置，工具是否摆放区有无标识，工具摆放是否整齐有序

5.2 电工班班长

工作步骤	工作频次	工作内容	需要填写的表单	特别提醒
组织业务培训	1 次 / 月	开展月度技能培训	《月度培训记录》	常态化开展月度技能培训，提升班组成员素质、提高业务水平
制定月度工作计划	1 次 / 月	编制并执行设备设施维保计划	班组工作簿	组织班组月度讨论会，编制月度的保养维护计划，组织班组成员实施设备月度保养计划
管理班组物资	按需	做好班组维修用品、工器具管理	《日常维修用品数量清单》 《工器具借用登记表》	1. 配备班组成员配备日常工具，公用工具设专人保管。 2. 建立日常维修用品数量清单，每月清点，第一时间补充。 3. 记录非维修人员借用、归还各类维修器具。 4. 按要求对高压手套、绝缘鞋等特种作业器具进行年检，发现不合格器具应立即申请更换
召开会议	1 次 / 日	召开班组班前会		组织班组成员召开班前会，讲解进入电厂生产区域的安全遵守事项，强调安全操作规程，检查安全防护措施是否落实

（续表）

工作步骤	工作频次	工作内容	需要填写的表单	特别提醒
调配维修人员	按需	按区域调配维修人员		浏览《工程维修单》，第一时间分派班组成员跟进维修
维护保养设备	按需	按计划维护保养设备	班组工作簿	1. 按计划对各类设备进行维护保养。 2. 监管日常保养工作，发现问题第一时间整改
应急处理各类突发情况	按需	第一时间处理突发设备故障		1. 遇到突发设备故障，第一时间启动应急预案，确保设备设施运行安全，并对故障过程及处理情况进行记录。 2. 分析突发故障原因，并第一时间上报处理结果
统计分析能耗情况	1 次 / 月	统计分析月度用电量		每月对水电维修工的抄表记录进行能耗用量统计分析
检查工作环境	1 次 / 日	检查办公环境		办公场所整洁、无乱堆放现象
	1 次 / 日	检查工器具摆放		督导工作期间工具等物资集中存放于指定位置，工具摆放区有标识，工具摆放整齐有序

5.3 水工班班长

工作步骤	工作频次	工作内容	需要填写的表单	特别提醒
组织业务培训	1 次 / 月	开展月度技能培训	《月度培训记录》	常态化开展月度技能培训，提升班组成员素质、提高业务水平
制定月度工作计划	1 次 / 月	编制并执行设备设施维保计划	班组工作簿	组织班组月度讨论会，编制月度的保养维护计划，组织班组成员实施设备月度保养计划
管理班组物资	按需	做好班组维修用品、工器具管理	《日常维修用品数量清单》 《工器具借用登记表》	1. 配备班组成员配备日常工具，公用工具设专人保管，确保借用手续齐全。

（续表）

工作步骤	工作频次	工作内容	需要填写的表单	特别提醒
				2. 建立日常维修用品数量清单，每月清点，第一时间补充。 3. 记录非维修人员借用、归还各类维修器具情况。 4. 按要求对特种作业器具进行年检，发现不合格器具应立即申请更换
召开会议	1次／日	召开班前会		组织班组成员召开班前会，讲解进入电厂生产区域的安全遵守事项，强调安全操作规程，检查安全防护措施是否落实
调配维修人员	按需	按区域调配维修人员		浏览《工程维修单》，第一时间分派班组成员跟进维修
维护保养设备	按需	按计划维护保养设备	班组工作簿	1. 按计划对各类设备进行维护保养。 2. 监管日常保养工作，发现问题第一时间整改
应急处理各类突发情况	按需	第一时间处理突发设备故障		1. 遇到突发设备故障，第一时间启动应急预案，确保设备设施运行安全，并对故障过程及处理情况进行记录。 2. 分析突发故障原因，并第一时间上报处理结果
统计分析能耗情况	1次／月	统计分析月度用水量		每月对水电维修工的抄表记录进行能耗用量统计分析
检查工作环境	1次／日	检查办公环境		办公场所整洁、无乱堆放现象
	1次／日	检查工器具摆放		督导工作期间工具等物资集中存放于指定位置，工具摆放区有标识，工具摆放整齐有序

5.4 强弱电维修工

工作步骤	工作频次	工作内容	需要填写的表单	特别提醒
入职培训	上岗前	接受培训		1. 礼仪培训。 2. 理论培训：工作步骤、工作频次和工作内容。 3. 实操培训：须填写的表单；必须掌握的实操技能（安全作业规程、各类强弱电设备维修方法、高空作业防护技能、电力设备巡检基本方法）。 4. 安全注意事项 【以上内容经岗前考核合格后，方可上岗（可补考一次）】
日常维护保养工作	按需	日常维护各类电气设备		1. 负责电气设备设施的维护保养，并保证其正常运行。 2. 负责管辖范围内强弱电系统（配电房、网络和通讯系统等）的日常运行、保养、维修。 3. 空调系统（室内机、室外机及管路）日常运行、保养、维修。 4. 严格执行安全操作规程，确保设备及人员不发生安全事故
维修工作	按需	维修各类电气设备		1. 处理《工程维修单》，按要求进行维修。 2. 开展临时检修，并协助其他工种完成设备设施检修任务。 3. 应对处理突发性事故，如停电、跳闸等
设备定期巡检	1次/周	开展电气设备设施定期巡检	《电气设备设施巡检表》	每周对电气设备设施进行巡视巡检并形成记录，巡检时如发现设备故障，应立即解决
开展交接班	1次/日	执行交接班规定	《交接班记录表》	每天换班前严格执行交接班规定，完善交接手续，做好交接记录

（续表）

工作步骤	工作频次	工作内容	需要填写的表单	特别提醒
维护工作环境	1次/日	清理作业环境		清理作业环境，确保整洁、无乱堆放现象
	1次/日	整齐摆放工器具		做好工具等物资集中存放工作，确保物资摆放整齐有序

5.5 水电维修工

工作步骤	工作频次	工作内容	需要填写的表单	特别提醒
入职培训	上岗前	接受培训		1. 礼仪培训。 2. 理论培训：工作步骤、工作频次和工作内容。 3. 实操培训：须填写的表单；必须掌握的实操技能（安全作业规程、高空作业防护技能、电力设备巡检基本方法、主要水电设备设施基本维护方法）。 4. 安全注意事项 【以上内容经岗前考核合格后，方可上岗（可补考一次）】
日常维护保养工作	按需	日常维护各类土建、水电设备	《污水设备检查表》 《生活水设备检查表》	1. 负责土建维修工作，对楼宇建筑物、道路及其他公共设施的检查、养护工作。 2. 负责物业区域各种管道、阀门、卫生洁具的维护、保养以及下水道的疏通工作。 3. 生活水设备、污水处理设备的日常维护保养。 4. 跟进监管由外单位负责维修保养的事宜。 5. 严格执行安全操作规程，确保设备及人员不发生安全事故

（续表）

工作步骤	工作频次	工作内容	需要填写的表单	特别提醒
维修工作	按需	维修各类水电设备		1. 处理《工程维修单》，按要求进行维修。 2. 开展临时检修，并协助其他工种完成设备设施检修任务。 3. 应对处理突发性事故，如停水、停电、跳闸等
能耗抄表	1次/月	每月进行水电表抄录	《水、电表抄表记录》	每月水、电抄表
楼宇建筑物巡检	1次/月	定期开展楼宇巡视巡检	《楼宇建筑物检查表》	每月对所在区域进行巡视巡检并形成记录，巡检时如发现问题，应立即记录，上报班长、主管，尽快解决问题
检查个人防护用品	1次/班	做好班前个人防护用品配备		每天工作前需对个人防护用品进行检查，确保用品功能完好、正常可用
开展交接班	1次/日	执行交接班规定	《交接班记录表》	每天换班前严格执行交接班规定，完善交接手续，做好交接记录
维护工作环境	1次/日	清理作业环境		清理作业环境，确保整洁、无乱堆放现象
	1次/日	整齐摆放工器具		做好工具等物资集中存放工作，确保物资摆放整齐有序

六、食堂服务岗位操作手册

6.1 食堂

6.1.1 食堂主管

工作重点：
负责食堂日常管理、制定食堂服务规范和标准、保障食堂服务质量、组织制订食堂工作计划并督导实施。

<table>
<tr><th>工作步骤</th><th>工作频次</th><th>工作内容</th><th>需要填写的表单</th><th>特别提醒</th></tr>
<tr><td rowspan="2">检查仪容仪表</td><td>1次／日</td><td>着装情况、礼仪情况、礼貌用语</td><td></td><td>检查是否符合礼仪培训要求</td></tr>
<tr><td>1次／日</td><td>工作纪律</td><td></td><td>检查是否符合《岗位操作手册》要求，工作时不得闲谈、做与工作无关事宜等</td></tr>
<tr><td>制定年度工作计划和预算</td><td>1次／年</td><td>制订年度工作计划和预算开支</td><td></td><td>总结分析今年工作情况，制订下一年度工作计划，并负责督导实施</td></tr>
<tr><td rowspan="2">培训工作</td><td>1次／年</td><td>制订年度培训计划、组织岗前考核</td><td>《年度培训计划表》
《岗前考核表》</td><td rowspan="2">1. 礼仪培训。
2. 理论培训：工作步骤、工作频次和工作内容。
3. 实操培训：须填写的表单，必须掌握的实操技能。
4. 安全注意事项</td></tr>
<tr><td>按需</td><td>入职培训</td><td>《新入职员工培训表》</td></tr>
<tr><td>成本分析</td><td>1次／月</td><td>召开月度成本分析会</td><td rowspan="2">《月度例会登记表》</td><td>1. 分析：分析餐费收入、食材数量及价格、易耗品数量及费用、设备设施维修费、日常性开支等费用是否合理、使用是否规范。
2. 整改：对费用使用不合理、不规范的现象要有应对防控措施</td></tr>
<tr><td>召开例会</td><td>1次／周</td><td>召开周例会</td><td>1. 讨论：重点讨论餐厅服务质量、菜品质量。
2. 整改：对顾客意见、服务质量、就餐环境和员工礼仪等方面的不足，商量措施，督促整改</td></tr>
</table>

（续表）

工作步骤	工作频次	工作内容	需要填写的表单	特别提醒
日常检查	3次/日	检查菜品质量、服务质量、设备设施情况	《食堂环境检查表》	检查服务质量、出品质量，监督食品卫生、服务设备设施状态等 【每天早、中、晚三餐均需要管理人员现场督导】
业主需求、投诉处理	按需	处理客户需求和投诉事项	《客户需求和投诉事项办理记录》	第一时间处理客户在食堂管理方面的服务需求和投诉事项，及时反馈处理结果

6.1.2 食堂领班

工作重点：
负责所在食堂日常管理和客人接待工作。

工作步骤	工作频次	工作内容	需要填写的表单	特别提醒
培训工作	1次/月	岗位技能培训	《培训记录表》	包括服务礼仪、行为规范、礼貌礼节、操作流程
召开例会	1次/班	召开班前会		总结前日工作及问题解决情况，安排当日工作
检查食堂区域	1次/班	检查食堂区域卫生清洁和消毒	《清洁质量日常巡查表》 《食堂紫外线消毒登记表》	1. 检查自助餐台、桌椅的及相关区域内设备设施的卫生质量、餐具的清洁消毒质量。 2. 检查紫外线消毒区域，发现卫生不合格情况及时督促服务员进行整改，并督促整改到位
检查设备设施	1次/班	检查食堂区域设施设备	《工程维修单》	每班检查设备设施，发现问题及时联系工程部维修
检查服务质量	1次/班	检查服务员的服务质量		检查员工的服务态度、服务效率、服务品质、服务行为是否符合规范要求
检查日用品库存	1次/日	检查日常用品储备情况		检查各岗位日常用品储备情况，并及时督促服务员补充，确保满足日常需要

（续表）

工作步骤	工作频次	工作内容	需要填写的表单	特别提醒
物资盘点	1 次 / 月	盘点物资、分析费用	企业物资系统	做好日常用品耗用登记和每月物资盘点工作，合理控制支出
业主需求、投诉处理	按需	处理客户需求和投诉事项	《客户需求和投诉事项办理记录》	第一时间处理客户在食堂管理方面的服务需求和投诉事项，及时反馈处理结果

6.1.3 食堂服务员

工作重点：
负责食堂餐前准备、餐中服务、餐后的收台及食堂的日常清洁等工作。

工作步骤	工作频次	工作内容	需要填写的表单	特别提醒
培训工作	入职前	入职培训		1. 礼仪培训。 2. 理论培训：工作步骤、工作频次和工作内容。 3. 实操培训：须填写的表单；必须掌握的实操技能（对客服务、上菜分菜服务、更换用具、托盘技巧等）。 4. 安全注意事项 【以上内容经岗前考核合格后，方可上岗（可补考一次）】
日常卫生清洁	1 次 / 日	清洁食堂区域卫生	《食堂检查登记表》	负责工作区域清洁、物品整理、服务用品的领用等工作
餐前准备	1 次 / 餐	检查餐前布置		1. 开餐前的准备工作（如餐台、餐具、餐炉的摆放、整理等）。 2. 补充开餐前的各类用品及用具（牙签、纸巾等）
餐中服务	1 次 / 餐	检查菜品质量、加餐、上菜		1. 检查出餐时的菜品质量。 2. 负责菜肴的增加以及餐中其他各项服务，关注菜肴补充速度
餐后清洁	1 次 / 餐	清洁餐后各区域卫生		及时清理区域内桌面、地面卫生

（续表）

工作步骤	工作频次	工作内容	需要填写的表单	特别提醒
盘点工作	1次／月	盘点物资	《物品报损登记表》	盘点本岗位物设备及器皿损坏与短缺，向领班报告

6.2 厨房

6.2.1 厨房主管

工作重点：
负责落实完成各项工作任务，安排厨房人员每天的工作内容，组织并督促厨房人员全面完成职责范围内各项工作任务。

工作步骤	工作频次	工作内容	需要填写的表单	特别提醒
检查仪容仪表	1次／日	着装情况、礼仪情况、礼貌用语		检查是否符合礼仪培训要求
	1次／日	工作纪律		检查是否符合《岗位操作手册》，工作时不得闲谈、做与工作无关事宜等
培训工作	入职前	入职培训	《新入职员工培训表》 《岗前考核表》	1. 礼仪培训。 2. 理论培训：工作步骤、工作频次和工作内容。 3. 实操培训：须填写的表单；必须掌握的实操技能。 4. 安全注意事项
	按需	日常培训	《员工培训记录》	适时组织员工开展集中厨艺培训和交流
召开月度成本分析会	1次／月	召开每月成本分析会		1. 每月进行一次成本分析，对成本开支异常督促整改。 2. 讨论并确定次月菜单
召开例会	1次／日	召开班前会		1. 班前检查仪容仪表。 2. 总结前日工作及问题解决情况，安排当日工作

（续表）

工作步骤	工作频次	工作内容	需要填写的表单	特别提醒
检查厨房环境	1次/日	检查环境卫生食品安全	《厨房安全卫生检查表》	1. 检查厨房环境卫生的清洁，保证厨房卫生符合卫生管理规范。 2. 检查原料质量，保证食品安全
检查菜品	1次/班	检查菜品加工过程及出品		1. 检查菜品加工过程及出品。 2. 监督厨师用料和技术操作。 3. 监督食品留样

6.2.2 厨房炒锅

工作重点：
按照工作程序，负责在炒灶、蒸灶等操作点加工烹调菜品工作。

工作步骤	工作频次	工作内容	需要填写的表单	特别提醒
入职培训	按需	接受培训		1. 礼仪培训。 2. 理论培训：工作步骤、工作频次和工作内容。 3. 实操培训：须填写的表单；必须掌握的实操技能（翻锅酱料配制、等技能）。 4. 安全注意事项 【以上内容经岗前考核合格后，方可上岗（可补考一次）】
检查后厨卫生质量	1次/班	检查后厨卫生	《厨房日常收档巡查表》 《厨房设备消毒登记表》	1. 检查责任区域的清洁质量（如灶台、油烟罩的清洁情况）。 2. 检查发现卫生不合格，立即督促整改；并对整改情况进行检查确认
检查设备设施	1次/班	检查后厨设备	《工程维修单》	每个班次检查各类设备设施运行状态是否正常，如有异常或故障及时报修

（续表）

工作步骤	工作频次	工作内容	需要填写的表单	特别提醒
菜品的加工烹制	1 次 / 班	加工烹制当日菜品		烹饪前关注半成品质量，对应当日菜单烹饪，确保出品质量
菜品留样	1 次 / 餐	留样当餐菜品	《留样登记表》	烹饪成品后，对当餐所有菜品留样 48 小时，每份至少 150 克

6.2.3 厨房砧板

工作重点：
按照相关规范对烹饪所需的原材料进行刀工处理。

工作步骤	工作频次	工作内容	需要填写的表单	特别提醒
入职培训	按需	接受培训		1. 礼仪培训。 2. 理论培训：工作步骤、工作频次和工作内容。 3. 实操培训：须填写的表单；必须掌握的实操技能（刀工技能、菜肴份量、菜肴腌渍）。 4. 安全注意事项 【以上内容经岗前考核合格后，方可上岗（可补考一次）】
检查卫生质量	1 次 / 班	检查后厨卫生	《厨房日常收档巡查表》 《厨房设备消毒登记表》	1. 检查责任区域的清洁质量，如荷台的清洗。 2. 检查发现卫生不合格，立即督促整改；并对整改情况进行检查确认
配制菜品半成品	1 次 / 班	配制菜品半成品		对照当日菜单对食材原料进行烹制前的切片、切丝、改花刀等刀工处理，配制菜品，补充缺少库存
检查设备设施	1 次 / 班	检查后厨设备	《工程维修单》	每个班次检查各类设备设施运行状态是否正常，如有异常或故障及时报修

6.2.4 厨房面点

工作重点：
负责按照面点生产规范制作点心。

工作步骤	工作频次	工作内容	需要填写的表单	特别提醒
入职培训	按需	接受培训		1. 礼仪培训。 2. 理论培训：工作步骤、工作频次和工作内容。 3. 实操培训：须填写的表单；必须掌握的实操技能（面点蒸制、馅料调制、面点烘焙等）。 4. 安全注意事项 【以上内容经岗前考核合格后，方可上岗（可补考一次）】
检查设备卫生及开工准备	1次/班	检查设备卫生及开工准备		1. 检查水、电、蒸汽等设备是否完好，做好工作区域和工作台的清洁工作。 2. 准备好各类操作工具，如：蒸笼、馅料、面棍、刮板、各种模具、抹布等，并确保工具及用具的清洁卫生。 3. 检查原料和调味品是否齐全，及时做好物品的申领、验货工作
制作面点并保存	1次/日	制作面点并保存	《食品添加剂使用登记表》	1. 按照面点生产工艺制作面点，确保面点的供应数量及出品质量。 2. 妥善保存剩余的原料、半成品、成品。 3. 面点制作过程须符合《食品安全法》的有关规定
收档后清洁	1次/日	收档后清洁	《厨房日常收档巡查表》	1. 下班前清洗、消毒制作面点所需要的工具。 2. 清洁点心房区域内的卫生
检查设备设施	1次/班	检查设备设施	《工程维修单》	每个班次检查各类设备设施运行状态是否正常，如有异常或故障及时报修

（续表）

工作步骤	工作频次	工作内容	需要填写的表单	特别提醒
菜品留样	1 次 / 餐	留样当餐菜品	《留样登记表》	烹饪成品后，对当餐所有菜品留样 48 小时，每份至少 150 克

6.2.5 厨房帮工

工作步骤	工作频次	工作内容	需要填写的表单	特别提醒
入职培训	按需	接受培训		1. 礼仪培训。 2. 理论培训：工作步骤、工作频次和工作内容。 3. 实操培训：须填写的表单；必须掌握的实操技能（食品粗加工、宰杀、清洗食品原材料技能）。 4. 安全注意事项 【以上内容经岗前考核合格后，方可上岗（可补考一次）】
粗加工	按需	领取原料并进行粗加工		1. 根据用餐人数及当日菜单领取原料。 2. 负责蔬菜的清洗加工，根据烹饪要求去蔬菜的老叶、去皮、去根等。 3. 负责肉类、鱼类食品宰杀、解冻与粗加工
原料保管	按需	保管及传送原料		1. 及时将经过粗加工的原料送至相应的操作点。 2. 每日剩余的原料及时入库，有保鲜要求的原料及时送往保鲜库
清洁卫生	按需	打扫工作区域卫生，清洁厨房设施设备	《厨房设备消毒登记表》	负责将用过的刀、墩、案等工具洗净消毒，并负责区域内的卫生

6.2.6 厨房洗消员

工作重点：
按照工作规范完成餐具及服务用具的清洗、消毒工作。

工作步骤	工作频次	工作内容	需要填写的表单	特别提醒
入职培训	按需	接受培训		1. 礼仪培训。 2. 理论培训：工作步骤、工作频次和工作内容。 3. 实操培训：须填写的表单；必须掌握的实操技能（餐厨具洗涤及消毒、蔬果清洗、洗涤用品调配）。 4. 安全注意事项 【以上内容经岗前考核合格后，方可上岗（可补考一次）】
清洗餐厨具	1次/班	清洗、消毒餐厨具	《餐具洗消登记表》	1. 将需要清洗的餐具进行浸泡。 2. 清洗消毒餐具，按除残渣→碱水洗→净水冲→消毒→保洁的顺序操作。 3. 消毒后餐具整齐地摆放到保洁柜或者仓库。 4. 清洗和搬运过程中轻拿轻放，减少破损
卫生检查	1次/班	检查卫生质量		清洗工作结束后将水池和地面打扫干净，泔水桶及时清理，确保整洁
设备检查	1次/班	检查设备设施	《工程维修单》	做好清洁设备的维护和保养工作，保证设备的正常使用，如有故障报领班解决

6.3 仓管

6.3.1 仓库管理员

工作重点：
按照物资管理规范完成管理处库房物资入库、分类摆放、保管、发放与盘点工作。

工作步骤	工作频次	工作内容	需要填写的表单	特别提醒
入职培训	按需	接受培训		1. 礼仪培训。 2. 理论培训：工作步骤、工作频次和工作内容。 3. 实操培训：须填写的表单；必须掌握的实操技能（电脑操作、物资盘点技巧）。 4. 安全注意事项 【以上内容经岗前考核合格后，方可上岗（可补考一次）】
编制计划	按需	编制采购计划及审核部门采购计划		汇总食材需求，编制采购计划，提交主管审定
库房管理	1 次 / 日	库房卫生及安全管理	《物品入库登记表》	1. 做好库房卫生。 2. 库房整理分类。 3. 做好消防安全及防盗工作
验收	1 次 / 日	现场实物验收	《物品出库登记表》	1. 按采购单内容对物品名称、规格型号、数量、价格进行验收。 2. 索证索票、把控品质、三方验收（仓库、使用部门、采购员）
物资入库	1 次 / 日	物资入库登记并入账		1. 凭采购申请单、送货单、发票内容办理入库登记。 2. 做好食品标识卡（食品名称、规格、生产日期、保质期、进货日期）
物资出库	1 次 / 日	出库登记并入账		领料单登记入账，走完审批流程进行发料

（续表）

工作步骤	工作频次	工作内容	需要填写的表单	特别提醒
清查物品	1次/月	清查并记录库存物品异常情况	《库存物资报损表》	清查记录物品生产日期（批次）、保质期，检查是否腐蚀、霉变、生虫、污秽不洁、感官异常、过期
盘点仓库	1次/月	仓库盘点及编制月报表	《库存物资盘点表》	1. 盘点库存物资。 2. 编制月报表，报主管审核

七、公寓服务岗位操作手册

7.1 公寓

7.1.1 公寓主管

工作重点：
负责公寓日常管理、组织制订工作计划，经营预算，确保为业主提供优质的后勤保障。

工作步骤	工作频次	工作内容	需要填写的表单	特别提醒
制订年度工作计划和预算	1次/年	1. 制订年度工作计划 2. 制订年度预算		1. 总结分析今年工作情况，制订下一年度工作计划，并负责督导实施。 2. 分析成本，制订预算（根据规模按需）
培训工作	1次/年	制订年度培训计划、组织岗前考核	《年度培训计划表》 《岗前考核表》	1. 礼仪培训。 2. 理论培训：工作步骤、工作频次和工作内容。 3. 实操培训：须填写的表单；必须掌握的实操技能。 4. 安全注意事项
	按需	入职培训	《新入职员工培训表》	
日常检查	1次/日	着装情况、礼仪情况、礼貌用语		检查是否符合礼仪培训要求
	1次/日	工作纪律		检查是否符合《岗位操作手册》要求，工作时不得闲谈、做与工作无关事宜等
	1次/日	检查总体情况	《公寓清洁质量日常巡查表》	1. 检查公共区域及房间清洁卫生情况。 2. 检查房间物品摆放、铺床质量。 3. 检查设备设施运行情况、跟踪维修保养计划的落实。 4. 检查安全防火设施，确保公寓正常运行
召开例会	1次/周	召开周例会	《月度例会登记表》	每周一组织召开工作例会，分析服务质量、住宿环境或员工礼仪等方面的不足，并制订整改措施

（续表）

工作步骤	工作频次	工作内容	需要填写的表单	特别提醒
成本分析	1次/月	召开月度成本分析会		1. 每月组织召开部门月度成本分析会，收集、整理、分析各类消耗品数量、费用是否合理、设备设施维修费用是否合理。 2. 对讨论出存在的不足，必须要有整改措施
检查工作环境	1次/日	检查办公环境		办公场所整洁、无乱堆放现象
	1次/日	检查工器具摆放		检查工作期间工器具、易耗品等物资集中存放于指定位置，工具摆放区有标识，工具摆放整齐有序
业主需求、投诉处理	按需	业主需求、投诉处理	《客户需求和投诉事项办理记录》	第一时间处理客户在公寓住宿方面的服务需求和投诉事项，及时反馈处理结果

7.1.2 公寓领班

工作重点：
负责所在班组的日常管理、房间清洁整理及住客服务工作。

工作步骤	工作频次	工作内容	需要填写的表单	特别提醒
召开班前会	1次/日	召开班前会		1. 检查仪容仪表。 2. 总结昨日工作情况及问题解决，安排当日工作
日常检查	1次/日	日常公寓检查	《公寓清洁质量日常巡查表》 《工程维修单》	1. 检查房间、楼道、大堂及相关区域内设备设施的卫生质量，检查布草的清洁消毒情况。 2. 检查发现不合格情况及时督促进行整改，并对整改情况进行检查确认

（续表）

工作步骤	工作频次	工作内容	需要填写的表单	特别提醒
物资盘点	1次／月	盘点物资、分析费用	企业物资系统	1. 负责指导检查房间日常物品领用及盘点。 2. 负责公寓成本核算。 3. 监督公寓物资的使用和消耗情况。 4. 注意及时纠正与引导
检查安全	1次／日	检查公寓安全		督导、检查公寓区域的安全工作，对违反安全条例的行为进行制止
业主需求、投诉处理	随时	业主需求、投诉处理	《客户需求和投诉事项办理记录》	第一时间处理公寓服务需求和投诉事项，及时反馈处理结果。 重点：处理要及时、态度要温和

7.1.3 公寓服务员

工作重点：
负责公寓房间的卫生清洁及客用物品补充配备工作，为客人提供周到的服务。

工作步骤	工作频次	工作内容	需要填写的表单	特别提醒
入职培训	按需	接受培训		1. 礼仪培训。 2. 理论培训：工作步骤、工作频次和工作内容。 3. 实操培训：须填写的表单；必须掌握的实操技能（铺床技巧、房间卫生清洁流程等）。 4. 安全注意事项 【以上内容经岗前考核合格后，方可上岗（可补考一次）】
开展交接班	1次／日	执行交接班规定	《楼层工作日志》 《楼层住房情况表》	1. 提前10分钟到岗，按交接班程序交接。 2. 交接内容：公寓状态、公共物品、设备设施情况、宾客需求、卫生、工程报修等

（续表）

工作步骤	工作频次	工作内容	需要填写的表单	特别提醒
日常工作	按需	楼层服务		1. 微笑问候宾客，做好楼层的迎送宾客服务。 2. 根据工作安排和宾客需求做好开夜床、更换布草、洗衣、加床等服务
	按需	公寓清扫	《公寓卫生清洁记录》	1. 做好公寓的卫生清洁消毒、公寓整理、物资补充，检查宾客遗留物品并交至前台。 2. 负责储物间的清洁整理工作
检查设备	1 次 / 班	检查公寓设施设备	《工程维修单》	检查公寓设施设备，发现问题及时填写维修单并跟进维修事宜

7.1.4 公寓保洁员

工作重点：
做好公共区域的卫生保洁及保养工作，为客人营造洁净舒适的环境。

工作步骤	工作频次	工作内容	需要填写的表单	特别提醒
入职培训	按需	接受培训		1. 礼仪培训。 2. 理论培训：工作步骤、工作频次和工作内容。 3. 实操培训：须填写的表单；必须掌握的实操技能（公共区域清洁流程、工器具的使用等）。 4. 安全注意事项 【以上内容经岗前考核合格后，方可上岗（可补考一次）】
日常工作	4 次 / 日	清洁酒店大堂或前厅	《公共区域保洁记录表》	清洁陈列物品及家具，打扫地面垃圾、积尘及污渍，打扫大厅四壁灰尘，清洁玻璃

（续表）

工作步骤	工作频次	工作内容	需要填写的表单	特别提醒
日常工作	1 次 / 日	清洁楼层区域和楼梯间卫生		打扫公寓公共区域和楼梯间，打扫后要用拖布清洁干净，做到无积水、无浮灰
	1 次 /2 小时	清洁公共卫生间卫生	《洗手间保洁记录表》	1. 大、小便池要清洁干净。 2. 垃圾篓的垃圾超 2/3 时要清理。 3. 洗手液、纸巾等不足时要更换。 4. 洗手台面及地板有污渍或水时，要清洁干净。 5. 保持室内空气清新，可喷洒适量空气清新剂。 6. 每周彻底清洁消毒洗手间内地板、墙面、隔板、卫浴 1 次
	1 次 / 日	清洁电梯卫生		1. 全面擦拭轿厢内壁和电梯门。 2. 电梯轿厢内地面用拖布清洁干净，有铺地毯的，应卷起后移到室外拍打干净灰尘。 3. 保持电梯轿厢空气清新，可喷洒适量空气清新剂。 4. 每周进行一次全面的清洁消毒
	1 次 / 日	垃圾处理	《垃圾清运记录表》	定时清理垃圾集中点，按指定路线清运

7.2 前台

7.2.1 前台主管

工作重点：
负责前台的日常管理工作，树立前台服务窗口形象。

工作步骤	工作频次	工作内容	需要填写的表单	特别提醒
培训工作	按需	上岗培训	《新入职员工培训表》 《岗前考核表》	1. 礼仪培训。 2. 理论培训：工作步骤、工作频次和工作内容。 3. 实操培训：须填写的表单；必须掌握的实操技能。 4. 安全注意事项
	按需	日常培训	《员工培训记录》	适时组织员工开展集中培训
日常检查	1 次 / 日	着装情况、礼仪情况、礼貌用语		检查是否符合礼仪培训要求
	1 次 / 日	工作纪律		检查是否符合《岗位操作手册》要求，工作时不得闲谈、做与工作无关事宜等
日常工作	1 次 / 日	前台工作		1. 掌握当日有无接待任务并制订计划。 2. 监督前台的日常服务质量及操作流程，做好接待服务
召开会议	1 次 / 月	召开月度例会	《月度例会记录》	分析服务质量、员工礼仪、接待流程等方面的不足，制订整改措施
业主需求、投诉处理	随时	业主需求、投诉处理	《客户需求和投诉事项办理记录》	第一时间处理公寓服务需求和投诉事项，及时反馈处理结果

7.2.2 前台接待员

工作重点：
负责前台信息问询、日常接待、住宿费用结算等工作。

工作步骤	工作频次	工作内容	需要填写的表单	特别提醒
入职培训	按需	接受培训		1. 礼仪培训。 2. 理论培训：工作步骤、工作频次和工作内容。 3. 实操培训：须填写的表单；必须掌握的实操技能（酒店管理软件等）。 4. 安全注意事项
日常工作	按需	入住前准备		接受预定，确认预定信息，并安排房间，制作房卡，通知楼层检查房间
	按需	办理入住手续		1. 核对入住信息，填写入住登记卡，请客人签字确认。 2. 核对证件信息并录入管理系统。 3. 收取押金。 4. 递交房卡
	按需	信息储存		接待完毕，输入有关信息录入客人档案
	按需	办理退房手续	《前台交接班登记表》	收集房卡，通知公寓人员查验房间，开具发票、结算费用等手续
	按需	处理遗留物品		保存宾客遗留物品，及时归还失主

八、表单汇总

8.1 通用表单

8.1.1 《新入职员工培训表》

新入职员工培训表（通用）

部门： **岗位：** **日期：**

时 间	培训内容	培训效果（优 / 良 / 中 / 差）	培训员签名	参培人员签名

备注：培训内容为各岗位操作手册中要求的培训内容。

8.1.2 《岗前考核表》

岗前考核表（通用）

部门： **岗位：** **日期：**

内容	项目	考核情况（合格 / 不合格）	考核人签名
礼仪培训			
理论培训	工作步骤和工作内容		
实操培训	1. 本岗位涉及专用表单填写的工作内容。 2. 岗位操作手册中要求掌握的内容		
安全注意事项	讲解		

备注：根据员工文化程度，以上考核内容可采用笔试或口述。

8.1.3 《年度培训计划表》

年度培训计划表（通用）

部门： **岗位：** **日期：**

月份	序号	培训项目	培训内容
1 月	1		
	2		
2 月	1		
	2		
3 月	1		
	2		
4 月	1		
	2		
5 月	1		
	2		
6 月	1		
	2		
7 月	1		
	2		
8 月	1		
	2		
9 月	1		
	2		
10 月	1		
	2		
11 月	1		
	2		
12 月	1		
	2		

8.1.4 《月度培训记录表》

月度培训记录表（通用）

部门： **岗位：** **日期：**

日期	序号	培训内容	培训人员签名	参培人员签名
	1			
	2			
	3			
	4			
	5			
	6			
	7			
	8			
	9			
	10			

备注：该表适用所有培训。

8.1.5 《月度例会登记表》

月度例会登记表（通用）

部门： **岗位：** **日期：**

日期	当月服务质量成绩与不足	参会人员签名
	1. 成绩： 2. 不足： 3. 亮点（按需）：	

备注：该表适用周例会、月度成本分析会。

8.1.6 《客户需求和投诉事项办理记录》

客户需求和投诉事项办理记录（通用）

部门：　　　　　　　　岗位：　　　　　　　　日期：

序号	日期	需求 / 投诉人姓名	需求 / 投诉内容	办理情况（简单描述）	办结时间	经办人
1						
2						
3						
4						
5						
6						
7						
8						
9						
10						

8.1.7 《工程维修单》

工程维修单（通用）

<table>
<tr><td>报修人</td><td colspan="2"></td><td>报修日期</td><td colspan="2"></td></tr>
<tr><td>部门名称</td><td></td><td>起始时间</td><td></td><td>结束时间</td><td></td></tr>
<tr><td>故障信息</td><td colspan="5"></td></tr>
<tr><td>维修信息</td><td colspan="5"></td></tr>
<tr><td>维修人</td><td colspan="2"></td><td>报修人签字</td><td colspan="2"></td></tr>
<tr><td>备　注（二次维修信息）</td><td colspan="5"></td></tr>
</table>

8.1.8 《公共区域保洁记录表》

公共区域保洁记录表（适用室内、公寓保洁）

单位											日 期		月 日至 月 日					
位置					责任人						监督人							
星期	作业时段	清洁作业														抽查监督人		存在问题
		门窗	墙面	地面区域	楼梯	垃圾处理	茶水间	水电设施	空调设备	办公设备	电梯设备	停车场	门窗设施	时间	员工签名	时间	监督人签名	
一	8:00—12:00																	
	14:00—18:00																	
二	8:00—12:00																	
	14:00—18:00																	
三	8:00—12:00																	
	14:00—18:00																	
四	8:00—12:00																	
	14:00—18:00																	
五	8:00—12:00																	
	14:00—18:00																	
六	8:00—12:00																	
	14:00—18:00																	
日	8:00—12:00																	
	14:00—18:00																	

8.1.9 《垃圾清运记录表》

垃圾清运记录表（通用）

单位			月份		编号	
日期	工作人员			抽查监督人		存在问题
	清运地点	清运情况	工作人员签字	抽查日期	监督人签名	

8.1.10 《日常巡查表》

日常巡查表（通用）

部门： **岗位：** **日期：**

时 间	检查区域	检查要求	检查结果	整改结果	签名

备注：该表适用无专用表格的日常巡查工作。

8.2 专用表单

8.2.1 会议服务

8.2.1.1 《会议需求记录表》

会议需求记录表（适用会议服务岗 – 按需）

序号	日期	时间	部门	会议名称	人数	会议桌摆放要求（回字形/U 形/课桌式）	茶水	座位牌	麦克风	投影	视频调试	联系人
1												
2												
3												
4												
5												
6												
7												
8												
9												
10												

8.2.1.2 《会前检查表》

会前检查表（适用会议服务岗 - 按需）

序号	日期	会议时间	会议室	会议名称	检查结果	是否整改	检查人签名
1							
2							
3							
4							
5							
6							
7							
8							
9							
10							

检查要求			
会场布置	会标内容	设施设备	会场物品摆放
1. 桌形：按主办方需求整齐摆放成回字形 /U 形 / 课桌式等台形。 2. 环境卫生：桌椅、地面、墙面及公共区域干净卫生	1. 按主办方需求检查背景板、横幅、指引牌等内容是否无误。 2. 检查会务服务人员是否按要求摆放在指定位置	1. 检查灯光、空调、麦克风、音响、电脑、投影仪等设施设备是否可以正常使用。 2. 开会前再次确认麦克风是否正常，确保会议期间各类设备不出故障	会议物品：座位牌、茶杯、矿泉水、纸巾盒、毛巾（湿纸巾）、文具（备用纸和笔）、绿植摆放等

8.2.2 保洁服务

8.2.2.1 《保洁质量日常巡查表》

保洁质量日常巡查表（适用保洁主管巡查市区办公楼 / 办公园区 – 按需）

单位： **编号：**

时间	检查区域 / 内容	检查要求	检查结果（存在问题注明具体地点）	整改结果	签名
	办公室	记录检查房间数量、结果			
	茶水间	记录检查房间数量、结果			
	楼层区域和楼梯间	记录检查房间数量、结果			
	公共洗手间	记录检查房间数量、结果			
	电梯	全部			
	停车场	是否存在问题			
	垃圾处理	检查垃圾集中点是否日产日清、消毒到位			
	地毯	是否存在问题			
	大理石地面	是否存在问题			
	“四害”消杀	是否按计划进行、记录是否真实完整			
	仪容仪表、工作纪律	符合服务礼仪规范			

备注：抽查保洁质量 2 次 / 日；检查消杀 1 次 / 周；检查垃圾处理 2 次 / 周。

8.2.2.2 《保洁质量周巡表》

保洁质量周巡表（适用保洁主管巡查生产现场 –1 次 / 周）

单位： **编号：**

时间	检查区域 / 内容	检查要求	检查结果（存在问题注明具体地点）	整改结果	签名
	办公楼	记录检查房间数量、结果			
	公寓楼	记录检查房间数量、结果			
	厂区道路	是否存在问题			
	排水沟	是否存在问题			
	绿化带	是否存在问题			
	停车场	是否存在问题			
	健身设施	是否存在问题			
	户外宣传栏	是否存在问题			
	“四害”消杀	是否按计划进行、记录是否真实完整			
	垃圾处理	垃圾集中点是否日产日清、消毒到位			
	仪容仪表、工作纪律	是否符合服务礼仪规范			

备注：1. 抽查保洁质量 1 次 / 日；检查消杀 1 次 / 周；检查垃圾处理 2 次 / 周；
2. 一周内要检查完所有区域。

保洁质量周巡表（适用保洁主管巡查厂房区域 –1 次 / 周）

单位：　　　　　　　　　　　　　　　　　　编号：

时间	检查区域 / 内容	检查要求	检查结果（存在问题注明具体地点）	整改结果	签名
	主厂房	是否存在问题			
	母线洞	是否存在问题			
	副厂房	是否存在问题			
	尾闸室	是否存在问题			
	电缆层	是否存在问题			
	开关站	是否存在问题			
	排风楼	是否存在问题			
	通风洞	是否存在问题			
	进出水口	是否存在问题			
	厂区配电中心	是否存在问题			
	“四害”消杀	是否按计划进行、记录是否真实完整			
	垃圾处理	垃圾桶是否日产日清、消毒到位			
	化粪池清理	定期清理、消毒到位			
	仪容仪表、工作纪律	是否符合服务礼仪规范			

备注：1. 抽查保洁质量 1 次 / 日；检查消杀 1 次 / 周；检查垃圾处理 2 次 / 周；
2. 一周内要检查完所有区域。

8.2.2.3 《年度培训计划表》

年度培训计划表（适用办公区域保洁班长 –1 次 / 年）

单位：

月份	序号	培训项目	培训内容
1月	1	礼貌礼节、仪容仪表	
	2	学习消防知识	
2月	1	清洁工作中的安全防范意识	
	2	新员工入职培训《行为规范及纪律》	
	3	保洁员的岗位职责	
3月	1	礼貌礼仪、服务意识	
	2	职业道德和工作技能	
	3	保洁流程及规范操作	
4月	1	办公室保洁流程	
	2	清洁药剂的性能、工具的使用及注意事项	
	3	地毯清洗流程与局部污渍处理及注意事项	
	4	卫生间清洁流程	
5月	1	电梯保洁流程	
	2	大堂保洁流程	
	3	全自动洗地机的使用及注意事项	
6月	1	清洁工作中的安全防范意识	
	2	玻璃清洁流程	
	3	不锈钢保养流程	
	4	推尘车的使用及注意事项	
7月	1	强力吸尘、吸水机的使用及注意事项	
	2	卫生间黄垢处理	
	3	突发事件现场处理	
	4	吸尘器的使用及注意事项	
8月	1	吹风机的使用及注意事项	
	2	常用保洁类工具操作规范	
9月	1	不锈钢保养流程与表面污渍及锈渍处理	

（续表）

月份	序号	培训项目	培训内容
9 月	2	专业清洁意义和要求	
	3	木板墙与木地板的清洁保养流程	
	4	大理石地面结晶处理及晶面养护	
10 月	1	学习消防知识	
	2	抛光机的使用及注意事项	
	3	污垢的形成原因及种类	
	4	亚麻油地面清洗及保养程序	
11 月	1	高压冲水枪的使用及注意事项	
	2	清洁工作中的安全防范意识	
12 月	1	年度工作经验交流	
	2	年度技能考核	

8.2.2.4 《洗手间保洁记录表》

洗手间保洁记录表（适用所有区域 –1 次 /2 小时）

<table>
<tr><td>单位</td><td colspan="7"></td><td>日期</td><td colspan="4">月　日至　月　日</td><td>编号</td><td colspan="4"></td></tr>
<tr><td>位置</td><td colspan="3"></td><td colspan="2">责任人</td><td colspan="2"></td><td colspan="2">监督人</td><td colspan="3"></td><td>存在问题</td><td colspan="4"></td></tr>
<tr><td rowspan="2">星期</td><td rowspan="2">作业时间</td><td colspan="4">清洁项目</td><td colspan="2">设备完好情况</td><td colspan="2">设备报修情况</td><td colspan="3">用品补充情况</td><td rowspan="2">员工签名</td><td colspan="3">抽查监督人</td><td rowspan="2">异常情况</td></tr>
<tr><td>便池</td><td>地面</td><td>洗手台</td><td>墙面镜面</td><td>水电设施</td><td>卫生设施</td><td>报修时间</td><td>处理时间</td><td>擦手纸</td><td>卷纸</td><td>洗手液</td><td>员工状态</td><td>监督人签名</td><td>时间</td></tr>
<tr><td rowspan="4">一</td><td></td><td></td><td></td><td></td><td></td><td></td><td></td><td></td><td></td><td></td><td></td><td></td><td></td><td></td><td></td><td></td><td></td></tr>
<tr><td></td><td></td><td></td><td></td><td></td><td></td><td></td><td></td><td></td><td></td><td></td><td></td><td></td><td></td><td></td><td></td><td></td></tr>
<tr><td></td><td></td><td></td><td></td><td></td><td></td><td></td><td></td><td></td><td></td><td></td><td></td><td></td><td></td><td></td><td></td><td></td></tr>
<tr><td></td><td></td><td></td><td></td><td></td><td></td><td></td><td></td><td></td><td></td><td></td><td></td><td></td><td></td><td></td><td></td><td></td></tr>
<tr><td rowspan="4">二</td><td></td><td></td><td></td><td></td><td></td><td></td><td></td><td></td><td></td><td></td><td></td><td></td><td></td><td></td><td></td><td></td><td></td></tr>
<tr><td></td><td></td><td></td><td></td><td></td><td></td><td></td><td></td><td></td><td></td><td></td><td></td><td></td><td></td><td></td><td></td><td></td></tr>
<tr><td></td><td></td><td></td><td></td><td></td><td></td><td></td><td></td><td></td><td></td><td></td><td></td><td></td><td></td><td></td><td></td><td></td></tr>
<tr><td></td><td></td><td></td><td></td><td></td><td></td><td></td><td></td><td></td><td></td><td></td><td></td><td></td><td></td><td></td><td></td><td></td></tr>
<tr><td rowspan="4">三</td><td></td><td></td><td></td><td></td><td></td><td></td><td></td><td></td><td></td><td></td><td></td><td></td><td></td><td></td><td></td><td></td><td></td></tr>
<tr><td></td><td></td><td></td><td></td><td></td><td></td><td></td><td></td><td></td><td></td><td></td><td></td><td></td><td></td><td></td><td></td><td></td></tr>
<tr><td></td><td></td><td></td><td></td><td></td><td></td><td></td><td></td><td></td><td></td><td></td><td></td><td></td><td></td><td></td><td></td><td></td></tr>
<tr><td></td><td></td><td></td><td></td><td></td><td></td><td></td><td></td><td></td><td></td><td></td><td></td><td></td><td></td><td></td><td></td><td></td></tr>
</table>

（续表）

四																	
五																	
六																	
日																	

注：公共洗手间每两小时巡查保洁一次，清洁完毕后在对应格子打“√”；设备有损坏第一时间报到工程部门维修，并写明“报修时间”和“处理时间”；“用品补充情况”应写明卷纸、擦手纸补充数量，异常情况填写于说明栏。

8.2.2.5 《年度培训计划表》

年度培训计划表（适用室外区域保洁班长 -1 次 / 年）

单位: **编号:**

月份	序号	培训项目	培训内容
1 月	1	礼貌礼节、仪容仪表	
	2	学习消防知识	
2 月	1	清洁工作中的安全防范意识	
	2	保洁员的岗位职责	
3 月	1	职业道德和工作技能	
	2	保洁流程及规范操作	
4 月	1	清洁药剂的性能、工具的使用及注意事项	
	2	卫生间清洁流程	
5 月	1	洗地机的使用及注意事项	
	2	突发事件现场处理	
6 月	1	清洁工作中的安全防范意识	
	2	玻璃清洁流程	
	3	不锈钢保养流程	
7 月	1	吸水器的使用及注意事项	
	2	卫生间黄垢处理	
8 月	1	吹风机的使用及注意事项	
	2	常用保洁类工具操作规范	
9 月	1	不锈钢保养流程与表面污渍及锈渍处理	
	2	大理石地面结晶处理及晶面养护	
10 月	1	学习消防知识	
	2	抛光机的使用及注意事项	
	3	污垢的形成原因及种类	
11 月	1	高压冲水枪的使用及注意事项	
	2	清洁工作中的安全防范意识	
12 月	1	年度工作经验交流	
	2	年度技能考核	

年度培训计划表（适用厂房区域保洁班长）

单位: **编号:**

月份	序号	培训项目	培训内容
1月	1	礼貌礼节、仪容仪表	
	2	学习消防知识	
2月	1	厂房设备清洁中的安全防范意识	
	2	保洁员的岗位职责	
3月	1	职业道德和工作技能	
	2	厂房保洁流程及规范操作	
4月	1	清洁药剂的性能、工具的使用及注意事项	
	2	卫生间清洁流程	
5月	1	洗地机、打磨机的使用及注意事项	
	2	厂房作业安全规程	
6月	1	清洁工作中的安全防范意识	
	2	玻璃清洁流程	
	3	不锈钢保养流程	
7月	1	吸水器的使用及注意事项	
	3	突发事件现场处理	
8月	1	吹风机的使用及注意事项	
	2	常用保洁类工具操作规范	
8月	1	不锈钢保养流程与表面污渍及锈渍处理	
	2	专业清洁意义和要求	
	3	大理石地面结晶处理及晶面养护	
10月	1	抛光机的使用及注意事项	
	2	污垢的形成原因及种类	
11月	1	高压冲水枪的使用及注意事项	
	2	清洁工作中的安全防范意识	
12月	1	年度工作经验交流	
	2	年度技能考核	

年度培训计划表（适用道路保洁班长 –1 次 / 年）

单位: **编号:**

月份	序号	培训项目	培训内容
1 月	1	礼貌礼节、仪容仪表	
	2	学习消防知识	
2 月	1	清洁工作中的安全防范意识	
	2	保洁员的岗位职责	
3 月	1	职业道德和工作技能	
	2	扫地车的使用及注意事项	
4 月	1	公共区域、地面保洁流程	
	2	清洁药剂的性能、工具的使用及注意事项	
5 月	1	全自动洗地机的使用及注意事项	
	2	常用保洁类工具操作规范	
6 月	1	清洁工作中的安全防范意识	
	2	推尘车的使用及注意事项	
7 月	1	强力吸尘、吸水机的使用及注意事项	
	2	突发事件现场处理	
8 月	1	污垢的形成原因及种类	
	2	洒水车的使用及注意事项	
9 月	1	不锈钢保养流程与表面污渍及锈渍处理	
	2	大理石地面结晶处理及晶面养护	
10 月	1	学习消防知识	
	2	抛光机的使用及注意事项	
11 月	1	高压冲水枪的使用及注意事项	
	2	清洁工作中的安全防范意识	
12 月	1	年度技能考核	
	2	清洁机器设备保养	

8.2.2.6 《室外保洁记录表》

室外保洁记录表（适用室外区域保洁岗 –1 次 / 日）

位置		责任人			监督人					日期		月 日至 月 日					
		室外保洁作业														抽查监督人	
星期	时间	广场区域	花池区域	道路区域	车场区域	岗亭、大门	洗车区域	室外家具	健身路径	健身场所	广告宣传牌	水景保洁	排水沟	员工签名	完成时间	监督人签名	时间
一	8:00—12:00																
	14:00—18:00																
二	8:00—12:00																
	14:00—18:00																
三	8:00—12:00																
	14:00—18:00																
四	8:00—12:00																
	14:00—18:00																
五	8:00—12:00																
	14:00—18:00																
六	8:00—12:00																
	14:00—18:00																
日	8:00—12:00																
	14:00—18:00																

（续表）

抽查中存在的问题			意见记录
日期	项目	签名	

8.2.2.7 《化粪池清理工作记录表》

化粪池清理工作记录表（适用所有室外区域 – 按需）

单位			月份		编号	
日期	工作人员			抽查监督人		存在问题
	清理地点	清理情况	工作人员签字	抽查日期	监督人签名	

8.2.2.8 《病虫害防治记录表》

病虫害防治记录表（适用所有室外区域－按需）

单位		编号	
场所			
病虫害			
现状			
药品使用情况			
防护措施			
防治效果评价			
操作人：	监督人：	时间：　年　月　日	

说明：此表适用保洁及绿化专业服务，保存期限为一年。

8.2.2.9 《病虫害药品管理登记表》

病虫害药品管理登记表（适用室外区域 – 按需）

药剂名称	主要成分	药剂浓度	药物滞留时间	对环境影响			对人体影响				使用稀释倍数	使用浓度	用量限度	作业前后安全措施
				影响强度	影响方式	降解方式	影响强度	影响方式	中毒症状	抢救措施				

说明：此表适用保洁及绿化等服务药品管理登记，保存期限为三年。

8.2.2.10 《厂房设备保洁季度登记表》

厂房设备保洁季度登记表（参考）（适用厂房保洁岗 -1 次 / 季度）

单位： 区域： 日期： 年第 季度 编号：

序号	工作内容	周期	实际工作日期	工作人员签名	质量监督人签名	安全监护人签名	验收人签名
1	发电机层 #1—#4 机组控制 RTU 及保护盘柜外部清洁	每季度					
2	发电机层 #1—#4 机组动力盘柜外部清洁	每季度					
3	发电机层 #1—#4 机组机罩外部清洁	每季度					
4	中间层 #1—#4 励磁盘柜、中性点盘柜、出口 PT 柜外部清洁	每季度					
5	中间层钥匙闭锁装置、厂用配电盘、机械制动柜、机组 CO2 控制箱外部清洁	每季度					
6	中间层 #1—#4 母线洞盘、钥匙装置、母线廊道设备和冷却管道外部清洁	每季度					
7	各盘柜、管道、推力冷却器、高压注油泵、调速器集油箱及压油罐外部清洁	每季度					
8	水泵水轮机层水车室机坑外部清洁	每季度					
9	蜗壳层技术供 / 排水系统盘柜外部清洁	每季度					
10	蜗壳层球阀外壳清洁	每季度					
11	蜗壳层各管道设备、阀门清洁	每季度					
12	蜗壳层压水罐、缓冲罐、滤水器、水泵等设备	每季度					
13	管子廊道、集水廊道管道、阀门	每季度					

（续表）

序号	工作内容	周期	实际工作日期	工作人员签名	质量监督人签名	安全监护人签名	验收人签名
14	厂房 GIS 室风机设备、盘柜等外部清洁	每季度					
15	SFC 室风机设备、盘柜等外部清洁	每季度					
16	启动母线廊道接地线、启动母线管道和电抗器室设备外部清洁	每季度					
17	主变室、厂变室、SFC 启动变室管道、阀门、盘柜外部清洁	每季度					
18	风机设备和消防设备等外部清洁	每季度					
19	冷凝机室各设备外部清洁	每季度					
20	空压机室各设备（不包括四台高压气机）、20LKH 配电盘外部清洁、各管道、平衡气罐、补偿气罐外部清洁	每季度					
21	副厂房三楼工具房清洁	每季度					
22	通风空调室空调处理器风柜、通风空调配电、控制柜外部清洁	每季度					
23	厂用 6kV、400V 配电室各盘柜外部清洁	每季度					
24	直流配电室、通信室、蓄电池室各盘柜外部清洁	每季度					
25	继电保护盘柜、控制柜外部清洁	每季度					
26	尾闸室盘柜、控制箱、管道、阀门外部清洁	每季度					
27	尾闸室 #1—#4 尾闸设备外部清洁	每季度					
28	排风楼盘柜、风机电机外部清洁	每季度					

（续表）

序号	工作内容	周期	实际工作日期	工作人员签名	质量监督人签名	安全监护人签名	验收人签名
29	上下库进 / 出水口、进 / 出水口闸门外部清洁	每季度					
30	上下库进 / 出水口 RTU 和配电室各盘柜、照明开关、电话、地线箱等外部清洁	每季度					
31	柴油机房、出线场含盘柜、柴油机设备外部清洁	每季度					
32	出线场 500kV 电缆洞消防设备外部清洁	每季度					
33	#2、#3、#6 支洞电源控制箱，水泵，阀门等外部清洁	每季度					
34	交通洞，#2、#3、#6 支洞地面清洁	每季度					
35	500kV 电缆洞人行通道地面及 2 米以下墙面清洁	每季度					
36	出线场内空地（非运行区域）及过道环境卫生清洁	每季度					
37	突发事件应急工作，包括水淹厂房事故、火灾事故及其他突发事件发生时，根据甲方指令完成的应急响应工作（半小时内响应）	项 / 随时					
38	检修期间，协助运行人员开展运行辅助服务工作；根据甲方指令，加强保洁值班（半小时内响应）	随时					
39	机组大、小修隔离装设围栏及围栏清洁	项 / 随时					

8.2.2.11 《厂房保洁周记录表》

厂房保洁周记录表（适用厂房保洁岗 -1 次 / 周）

单位： 区域： 日期： 年 第 周 编号：

序号	工作内容	周期	实际工作日期	工作人员签名	质量监督人签名	验收人签名
1	发电机层地面、过道、楼梯及 2 米以下墙面清洁	1 次 / 周				
2	发电机层安装间、回车场及停车道区域地面及 2 米以下墙面清洁	1 次 / 周				
3	中间层地面、过道、楼梯及2米以下墙面（包含母线洞）清洁	1 次 / 周				
4	水泵水轮机层地面、过道、楼梯及 2 米以下墙面	1 次 / 周				
5	蜗壳层地面、过道、楼梯及 2 米以下墙面	1 次 / 周				
6	厕所、检修休息室、电梯、卫生清洁	1 次 / 天（大修期间 4 次 / 天）				
7	中控室、保护室地面、台面清洁	1 次 / 周				
8	COC 室内地面、台面、沙发清洁	1 次 / 天（大修期间 2 次 / 天）				
9	机组大、小修放置垃圾桶及回收垃圾	项 / 随时				
10	机组大、小修时进行废油、废液、废油布回收	项 / 随时				
11	大修会议室卫生清洁	1 次 / 周（大修期间 1 次 / 天）				

8.2.2.12 《道路保洁记录表》

道路保洁记录表（适用厂房保洁岗－按需）

单位		月份		编号	
责任人		监督人		注意事项	
日期	保洁区域	保洁内容	工作人员签名	监督人	时间

8.2.3 绿化服务

8.2.3.1 《年度培训计划表》

年度培训计划表（适用绿化主管 –1 次 / 年）

单位： **编号：**

月份	序号	培训项目	培训内容
1 月	1	礼貌礼节、仪容仪表	
	2	绿化员的岗位职责	
	3	常见植物的养护要点	
2 月	1	绿化工作中的安全防范意识	
	2	草坪建植养护方法	
3 月	1	礼貌礼仪、服务意识、公司文件	
	2	日常绿化养护方法和要求	
4 月	1	时花和水生植物的种植及养护方法	
	2	居室养花基础知识	
5 月	1	肥料的主要种类及使用方法	
	2	绿化病虫害防治方法	
6 月	1	园林绿化工具的使用方法	
	2	园林机械设备的使用及保养方法	
7 月	1	农药主要种类及使用方法	
	2	绿化药品使用安全规定	
8 月	1	突发事件现场处理	
	2	绿化机械安全操作规定	
9 月	1	专业绿化意义和要求	
	2	剪草机械使用安全规定	
10 月	1	学习消防知识	
	2	绿篱机使用安全规定	
11 月	1	大树修剪安全规定	
12 月	1	年度工作经验交流	
	2	年度技能考核	

8.2.3.2 《绿化养护日常巡查表》

绿化养护日常巡查表（适用绿化主管 / 绿化班长 –1 次 / 日）

单位: **编号:**

时间	检查区域	检查要求	检查结果	整改结果	签名

备注：抽查绿化质量 2 次 / 日；检查病虫防治 1 次 / 周；检查垃圾处理 2 次 / 周。

8.2.3.3 《绿化养护日常记录表》

绿化养护日常记录表（适用室内、室外绿化员 –1 次 / 日）

单位						日期		月　日至　月　日			编号			
位置		责任人				监督人								
星期	时间	区域	修枝打叶	浇水维护	施肥除虫	翻盆补种	花池区域	花木更换	草坪维护	绿化带清洁	员工签名	完成时间	监督人签名	抽查时间
一	8:00—12:00													
	14:30—17:30													
二	8:00—12:00													
	14:30—17:30													
三	8:00—12:00													
	14:30—17:30													
四	8:00—12:00													
	14:30—17:30													
五	8:00—12:00													
	14:30—17:30													
六	8:00—12:00													
	14:30—17:30													
日	8:00—12:00													
	14:30—17:30													

（续表）

抽查中存在的问题			意见记录
日期	项目	签名	

8.2.4 安保服务

8.2.4.1 《年度培训计划表》

年度培训计划表（适用安保主管岗 -1 次 / 年）

单位： **编号：**

月份	序号	培训项目	培训内容
1月	1	军事训练	牢记队列动作要领，要求达到值班军事要求：1. 立正、稍息、跨立。2. 停止间转法。3. 敬礼、礼毕。4. 警械使用培训
	2	理论课	1. 公司概况。2. 安保责任区域情况。3. 交接班仪式培训
	3	体能训练	1.3 公里越野。 2. 俯卧撑。3.100 米冲刺
	4	理论课	1. 公司规章制度。2. 奖惩制度
2月	1	军事训练	牢记队列动作要领，要求达到值班军事要求：1. 立正、稍息、跨立。2. 停止间转法。3. 敬礼、礼毕。4. 腹前握礼仪
	2	理论课	1. 公司概况。2. 安保责任区域情况。3. 交接班仪式培训
	3	防暴演练	1. 安全知识讲解。2. 学习逃生自救。3.110 报警程序。4. 制服暴乱人员
	4	理论课	观看相关岗位操作流程视频
3月	1	军事训练	牢记队列动作要领，要求达到值班军事要求：1. 立正、稍息、跨立。2. 停止间转法。3. 敬礼、礼毕。4. 腹前握礼仪
	2	理论课	1. 服务礼仪培训。2. 礼节礼貌。3. 观看门岗及巡逻岗操作
	3	体能训练	1.3 公里越野。 2. 俯卧撑。3.100 米冲刺
	4	理论课	1. 知识要点分析培训。2. 门岗基本操作流程。3. 消防知识培训
4月	1	军事训练	牢记队列动作要领，要求达到值班军事要求：1. 立正、稍息、跨立。2. 停止间转法。3. 敬礼、礼毕。4. 腹前握礼仪
	2	理论课	1. 消防设施设备操作培训。2. 消防知识培训。3. 基本法律知识讲座
	3	体能训练	1.3 公里越野。2. 俯卧撑。3.100 米冲刺
	4	防恐怖袭击应急演练	根据应急演练计划，开展防恐怖袭击应急演练
5月	1	军事训练	牢记队列动作要领，要求达到值班军事要求：1. 军（擒）体拳。2. 车辆指挥手势
	2	消防演练	1. 讲解消防器材和水带、灭火器使用方法。2. 初起火灾扑灭、疏散人员和逃生自救。3. 讲解消防车使用方法

（续表）

月份	序号	培训项目	培训内容
5月	3	体能训练	1. 3公里越野。2. 仰卧起坐。3. 蛙跳
	4	理论课	1. 如何在工作中调动积极性。2. 业主单位交通安全管理细则宣贯。3. 奖惩制度的学习
6月	1	军事训练	牢记队列动作要领，要求达到值班军事要求：1. 军（擒）体拳。2. 车辆指挥手势
	2	理论课	1. 公司概况。2. 安保责任区域情况。3. 交接班仪式培训
	3	体能训练	1. 3公里越野。2. 仰卧起坐。3. 蛙跳
	4	防暴演练	1. 安全知识讲解。2. 学习逃生自救。3. 110报警程序。4. 制服暴乱人员
7月	1	军事训练	牢记队列动作要领，要求达到值班军事要求：1. 立正、稍息、跨立。2. 停止间转法。3. 敬礼、礼毕。4. 腹前握礼仪
	2	防汛演习	1. 加强队员的防洪防汛意识。2. 切实掌握防洪防汛应急方法
	3	体能训练	1. 3公里越野。2. 俯卧撑。3. 100米冲刺
	4	理论课	1. 服务礼仪培训。2. 礼节礼貌。3. 观看门岗及巡逻岗操作
8月	1	军事训练	牢记队列动作要领，要求达到值班军事要求：1. 立正、稍息、跨立。2. 停止间转法。3. 敬礼、礼毕。4. 腹前握礼仪
	2	理论课	1. 消防设施设备操作培训。2. 消防知识培训。3. 法律知识讲座
	3	体能训练	1. 3公里越野。 2. 俯卧撑。3. 100米冲刺
	4	突发事件应急处理措施	1. 治安事件处理方法。2. 火灾应急预案。3. 电梯困人紧急预案
9月	1	军事训练	牢记队列动作要领，要求达到值班军事要求：1. 立正、稍息、跨立。2. 停止间转法。3. 敬礼、礼毕。4. 腹前握礼仪
	2	理论课	1. 公司概况。2. 安保责任区域情况。3. 交接班仪式培训。4. 门岗的礼仪礼节
	3	体能训练	1. 3公里越野。2. 俯卧撑。3. 100米冲刺
	4	电梯困人演练	模拟大厦电梯突然停电，组织解救被困人员
10月	1	军事训练	牢记队列动作要领，要求达到值班军事要求：1. 立正、稍息、跨立。2. 停止间转法。3. 敬礼、礼毕。4. 腹前握礼仪
	2	理论课	1. 服务礼仪培训。2. 礼节礼貌 。3. 观看门岗及巡逻岗操作
	3	体能训练	1. 3公里越野。 2. 俯卧撑。3. 100米冲刺

（续表）

月份	序号	培训项目	培训内容
10 月	4	消防演练	结合应急演练计划，开展消防应急演练
11 月	1	军事训练	牢记队列动作要领，要求达到值班军事要求：1. 军（擒）体拳。2. 车辆指挥手势
	2	理论课	1. 服务礼仪培训。2. 礼节礼貌 。3. 观看门岗及巡逻岗操作
	3	体能训练	1. 3 公里越野。2. 负重跑。3. 俯卧撑。4. 单腿下蹲起立
	4	群体事件应急演练	结合应急演练计划，开展群体事件应急演练
12 月	1	军事训练	牢记队列动作要领，要求达到值班军事要求：1. 立正、稍息、跨立。2. 停止间转法。3. 敬礼、礼毕。4. 腹前握礼仪
	2	理论课	1. 服务礼仪培训。2. 观看门岗及巡逻岗操作。3. 礼节礼貌
	3	体能训练	1. 3 公里越野。 2. 俯卧撑。3. 100 米冲刺
	4	突发事件应急处理措施	1. 治安事件处理办法。2. 火灾应急预案。3. 电梯困人紧急预案

8.2.4.2 《年度应急演练计划》

年度应急演练计划（适用安保主管 –1 次 / 年）

单位： **编号：**

序号	演练名称	类别		方式		计划时间	备注
		程序性演练	检验性演练	桌面	实战		
1							
2							
3							
4							
5							
6							
7							
8							
9							
10							

8.2.4.3 《应急演练方案》

应急演练方案（适用安保主管岗－按需）

单位：

一、时间及地点

二、演练内容

三、演练组织及职责

序号	演练组织	人员	职责
1			
2			
…			

四、演练流程

序号	流程具体内容		
1			
2			
…			

五、不足之处

六、改进措施

8.2.4.4 《灭火器月度检查卡》

灭火器月度检查卡（适用安保领班岗 –1 次 / 月）

编号： 生产日期 年 月

日期	设施情况		检查人	备注
	灭火器	防毒面具		

8.2.4.5 《消防栓月度检查卡》

消防栓月度检查卡（适用安保领班岗 –1 次 / 月）

编 号： 水带生产日期： 年份：

日 期	设施情况							检查人	备 注
	箱体	标识	箱门	水枪	水带	栓阀	软管卷盘		

注：检查内容，1. 栓内开关有无破损、漏水，能否开启；2. 水带、接口有无损坏；3. 栓内是否有水。

8.2.4.6 《工作交接记录表》

工作交接记录表（适用安保所有岗位 −2 次 / 班）

单位：　　　　岗位：　　　　编号：

序号	月	日	交接班时间	设备设施情况	主要事项	交班人	接班人	带班人	备注

8.2.4.7 《监控岗工作信息记录表》

监控岗工作信息记录表（适用监控岗－按需）

单位：　　　　　　　　　　　　　　　　编号：

序号	日期	设备运行情况	监控内容情况	记录人	备注
1					
2					
3					
4					
5					
6					
7					
8					
9					
10					
11					
12					
13					
14					
15					

8.2.4.8 《监控室出入人员情况登记表》

监控室出入人员情况登记表（适用监控岗－按需）

单位：　　　　　　　　　　　　　　　　　　　　编号：

日期	姓名	单位	事由	进入时间	离开时间	值班人员

8.2.4.9 《监控室录像调取情况登记表》

监控室录像调取情况登记表（适用监控岗－按需）

单位： **编号：**

时间	单位	姓名	联系方式	调取理由	是否复制	调取点位	值班人员	批准人

8.2.4.10 《巡逻检查发现问题情况表》

巡逻检查发现问题情况表（适用监控岗 – 按需）

单位: **编号:**

编号	日期	报障时间	响应时间	故障点位名称	处理完毕时间双方确认	
1						
2						
3						
4						
5						
6						
7						
8						
9						
10						

8.2.4.11 《厂房安全巡视记录表》

厂房安全巡视记录表（适用电厂厂房岗安保员 -1 次 /2 小时）

单位： **区域：** **日期：年 月 日**

接班时间	班次	班长	安 全 巡 视 员

序号	影响电厂生产指标的关键设备、区域	检查情况	时间	检查情况	时间	检查情况	时间	检查情况	时间
1	厂房尾闸室浮子沟积水情况								
2	199 层管子电缆廊道积水情况								
3	500kVAB 联络线、蓄背线充油电缆下端头是否存在漏油								
4	备用机组各导轴承油位是否在正常位置（水导除外）								

上一值遗留交代注意事项：

时间	其他区域、设备巡视发现的异常情况及实时运行分部的临时交代情况

本值交班要点：

巡视发现异常情况及时通知集控室或当值值长并做记录，由项目负责人收集统计。
集控室电话：*****（座机）139********（oncall 手机）

交班签名： 接班签名：

8.2.4.12 《厂房特巡记录表》

厂房特巡记录表（适用电厂厂房岗安保员－按需）

单位： **区域：** **日期：** **年 月 日**

序号	巡视人	巡视时间	巡视内容（温度/℃ 压力/MPa）	授权人
1				
2				
3				
4				
5				
6				
7				
8				
9				
10				
11				
12				

8.2.4.13 《物品放行条》

物品放行条（适用大门岗、门岗－按需）

放行日期：		车牌号：
物资运送单位名称：		
放行物品（手写无效）		
申请人	申请人（签名）： 联系电话：	
所在部门	负责人意见： （签名） 年 月 日	
专业部门	负责人意见： （签名） 年 月 日	
当日放行次数	□仅一次 □多次	
	第一时间： 第二时间： 第三次时间：	

8.2.4.14 《安保工作监督检查记录表》

安保工作监督检查记录表（适用安保主管岗 –1 次 / 日）

日期： 年 月 日

检查人		检查时间段	
检查项目	检查内容	存在问题描述及整改情况	确认签字
整体安全目标达成	恶性治安或刑事案件		
	因失职行为造成的被盗案件		
	服务投诉事件		
	违纪事件		
	服务到位及时率		
	客户满意度		
队伍管理服务行为	安保岗位服务管理		
	安保人员交接班管理（主要查阅交接班记录）		
	安保人员装备、着装、宿舍管理		
	劳动纪律		
岗位工作质量	门卫管理（车辆进出）		
	巡逻管理（含车场）		
	消防、安防设备运行管理		
	应急事件紧急处置		

8.2.4.15 《外来人员、车辆出入登记表》

外来人员、车辆出入登记表（适用安保大门岗、门岗－按需）

日期：　　年　　月　　　　　　岗亭：　　　　　　编号：

序号	姓名	单位	证件号码	联系电话	事由	人数	拜访人	进入时间	离开时间	值班员	车牌号	备注
1												
2												
3												
4												
5												
6												
7												
8												
9												
10												

8.2.5 工程服务

8.2.5.1 《劳动防护用品佩戴检查表》

劳动防护用品佩戴检查表（适用工程主管岗 –1 次 / 日）

单位： **编号：**

序号	姓名	作业人员是否按规定佩戴个人防护用品	存在隐患	整改建议
1				
2				
3				
4				
5				
6				
7				
8				
9				
10				

8.2.5.2 《年度培训计划表》

年度培训计划表（适用工程主管岗 -1 次 / 年）

单位： **编号：**

月份	序号	培训项目	培训内容
1 月	1	礼貌礼节、仪容仪表	
	2	消防知识	
	3	维修员的岗位职责	
	4	常见设备设施的维修要点	
2 月	1	维修工作中的安全防范意识	
	2	学习“公司奖惩制度”	
	3	设备设施维修方法	
3 月	1	礼貌礼仪、服务意识、公司文件	
	2	日常维护方法和要求	
4 月	1	重点设备设施维护方法	
5 月	1	维护工具的主要种类及使用方法	
6 月	1	维护工具的使用方法	
	2	机械设备的使用及保养方法	
7 月	1	电气设备主要种类及使用方法	
	2	供水设备主要种类及使用方法	
8 月	1	突发事件现场处理	
	2	维修机械安全操作规定	
9 月	1	电气设备主要种类及使用方法	
	2	供水设备主要种类及使用方法	
10 月	1	学习消防知识	
11 月	1	安全生产有关规定	
12 月	1	年度工作经验交流	
	2	年度技能考核	

8.2.5.3 《设备运行情况巡检表》

设备运行情况巡检表（适用工程主管 -1 次 / 周）

检查区域: 检查人员: 检查日期: 年 月 日

编号	名称	型号	检查项目							备注
			外观	绝缘	转速	插头	开关	电缆	负荷	
1										
2										
3										
4										
5										
6										
7										
8										
9										
10										
11										
12										
13										
14										
15										

8.2.5.4 《日常维修用品数量清单》

日常维修用品数量清单（适用电工班班长－按需）

单位： **编号：**

编号	名称	型号	生产厂家	数量
1				
2				
3				
4				
5				
6				
7				
8				
9				
10				
11				
12				
13				
14				
15				

8.2.5.5 《工器具借用登记表》

工器具借用登记表（适用电工班班长－按需）

单位： **编号：**

序号	借用日期	借用物品名称	借用数量	借用人签名	归还数量	归还日期	归还人签名
1							
2							
3							
4							
5							
6							
7							
8							
9							
10							

8.2.5.6 《每日工前安全技术交底单》

每日工前安全技术交底单（适用电工班、水工班班长 –1 次 / 日）

工作项目： 施工地点：
工作时间： 年 月 日 工作负责人签名：
当日工作内容：
1.
2.
3.
4.
一、当天工作安全交底（依据工作方案及工作内容进行风险分析和安全技术交底。如有新增风险，经分析后亦增加至此表中，请在新增项目栏打“√”）

工作风险分析	风险等级	应对安全措施	新增项目

二、当天工作技术交底（若不用技术交底，请填写“无”）
1.
2.
3.
4.
5.
三、工作班成员签名：我确认已正确理解当日所做工作风险分析及清楚采取的应对安全措施，我确认已正确理解工作负责人所作安全技术交底，我确认个人精神状态良好！

8.2.5.7 《能耗统计月报表》

能耗统计月报表（适用电工班、水工班班长 –1 次 / 月）

单位： **编号：**

	电力 /kW · h	生活水 /m^3	备注
上月底码			
本月底码			
本月耗用			

统计人：

8.2.5.8 《电气设备设施巡检表》

电气设备设施巡检表（适用强弱电维修工 –1 次 / 周）

单位：　　　　　　　　　　　　　　　　编号：

编号	名称	型号	是 / 否正常运行	整改措施	检查人	检查日期
1						
2						
3						
4						
5						
6						
7						
8						
9						
10						
11						
12						
13						
14						
15						

8.2.5.9 《交接班记录表》

交接班记录表（适用强弱电维修工 –1 次 / 日）

单位： **编号：**

交班员		接班员	
交班时间	自 时 分起至 时 分		
工作内容 及存在的问题			
交接内容			
检查意见	移交人确认： 交接人确认：		

8.2.5.10 《污水设备检查表》

污水设备检查表（适用水电维修工 -1 次 / 月）

日期： 年 月 日 **巡检人员：**

设备位置：

内容	项目	情况	备注
调节池	悬浮杂物		
	水体臭味		
	池底淤积泥沙状况		
厌氧池	污泥量		
	悬浮杂物		
	上浮污泥		
好氧池	污泥量		
	悬浮杂物		
污泥沉淀池	悬浮杂物		

8.2.5.11 《生活水设备检查表》

生活水设备检查表（适用水电维修工 -1 次 / 月）

单位： **检查人员：** **检查日期：**

序号	定期检查内容	定期检查结果	备注
1	电压指示灯是否正常		
2	上水池缺水指示灯亮 / 给水泵工作		
3	空压机是否正常		
4	钛棒过滤工作压压力 0.3KG 以下		
5	进水时加药泵是否正常工作		
6	中间水箱缺水指示灯亮过滤器是否正常工作		

8.2.5.12 《水、电表抄表记录》

水、电表抄表记录（适用水电维修工 –1 次 / 月）

单位： **地点：** **编号：**

月份	电表数			水表数			备注
	起始数	抄表数	实际用电量	起始数	抄表数	实际用水量	

8.2.5.13 《楼宇建筑物检查表》

楼宇建筑物检查表（适用水电维修工 –1 次 / 月）

单位： **编号：**

检查区域				
检查人员		检查时间		
序号	检查内容	检查要求	检查结果	存在问题
1	室内外墙面是否完好	1. 无剥落、无破损、无起壳、无裂缝、不渗水； 2. 摸灰及粉刷完好、瓷砖完好		
2	建筑结构是否有变形、裂缝等现象	1. 结构无裂纹、倾斜、变形； 2. 结构牢固、承重砖墙平直完好		
3	落水管和屋面是否完好	管道（沟）畅通且无破损、渗漏		
4	顶棚	无脱落、无破损、无渗水、无漏水、无塌陷、钢结构无松动		
5	楼梯、护栏等是否完好	栏杆、护板、护笼符合国家标准，不危及人身安全		
6	房屋门窗是否完好	无裂纹、无变形、不倾斜		
7	路面、楼面	1. 路面整体完好，明沟流水畅通，雨水篦无断裂、缺失，排水系统畅通； 2. 楼地面无严重裂纹、起壳、下沉，不渗水		

8.2.5.14 《生产项目承包商入场风险评估表》

生产项目承包商入场风险评估表（适用工程主管岗 – 按需）

<table>
<tr><td>项目名称</td><td colspan="5"></td></tr>
<tr><td>承包单位</td><td colspan="5"></td></tr>
<tr><td>项目管理部门</td><td></td><td colspan="2">项目地点</td><td colspan="2"></td></tr>
<tr><td>评估人</td><td></td><td colspan="2">评估日期</td><td colspan="2">年 月 日</td></tr>
<tr><td colspan="2">风险源</td><td>风险等级</td><td>风险控制措施</td><td>应急处置措施</td><td>不适用</td></tr>
<tr><td rowspan="2">人身风险</td><td>1. 带来流行性疾病的风险</td><td></td><td></td><td></td><td>□</td></tr>
<tr><td>2. 聚众闹事等群体事件导致的人身受伤风险</td><td></td><td></td><td></td><td>□</td></tr>
<tr><td rowspan="3">环境污染</td><td>1. 随意排放生活污水，有污染环境的风险</td><td></td><td></td><td></td><td>□</td></tr>
<tr><td>2. 乱丢生活垃圾造，有污染环境的风险</td><td></td><td></td><td></td><td>□</td></tr>
<tr><td>3. 施工过程中排放废水、废渣，有污染环境的风险</td><td>低</td><td>按要求回收</td><td></td><td>□</td></tr>
<tr><td rowspan="2">交通安全</td><td>1. 项目过程使用运输车辆，有造成工作区人员发生交通意外的风险</td><td>低</td><td>按厂区交通规则行驶</td><td></td><td>□</td></tr>
<tr><td>2. 施工人员采用摩托车作为交通工具，有造成工作区人员发生交通意外的风险</td><td></td><td></td><td></td><td>□</td></tr>
<tr><td rowspan="3">消防安全</td><td>1. 临时居住区使用明火，有引起火灾的风险</td><td>中</td><td>按操作规程使用明火</td><td>配备灭火器</td><td>□</td></tr>
<tr><td>2. 临时居住区有临时用电，有引起火灾的风险</td><td></td><td></td><td></td><td>□</td></tr>
<tr><td>3. 野外生火引发森林火灾的风险</td><td></td><td></td><td></td><td>□</td></tr>
<tr><td>社会影响</td><td>1. 发生聚众闹事等群体事件引起社会影响风险</td><td></td><td></td><td></td><td>□</td></tr>
<tr><td rowspan="2">其他风险</td><td></td><td></td><td></td><td colspan="2"></td></tr>
<tr><td></td><td></td><td></td><td colspan="2"></td></tr>
<tr><td>备注</td><td colspan="5"></td></tr>
</table>

说明：本表主要用来分析承包商入厂给公司或所属单位带来的风险以及在管控失效的情况可采取的应急措施。

8.2.5.15 《施工安全责任协议书》

施工安全责任协议书（参考模板－按需）

甲方：
乙方：

为了搞好工程项目施工作业的安全管理工作，经双方充分协商签订本协议。

第一条：甲方安全责任

（一）进场施工作业前带乙方负责人到施工现场勘查工作现场情况；应当根据乙方要求，提供施工现场及毗邻区域内与项目有关的图纸资料，并保证资料的真实、准确、完整。

（二）在乙方进场前，应对乙方项目负责人、工程技术人员和安全管理人员等进行安全教育培训，考试合格方可进场。

（三）开工前，应对乙方项目负责人、工程技术人员和安全管理人员进行项目全面交底，并经双方相关人员当面签字确认。

第二条：乙方安全责任

（一）乙方负责人为安全生产责任人，负责该工程项目的日常安全管理工作，严格遵守安全生产规章制度，并指定专人负责监管安全施工作业。

（二）开工前必须对所属人员进行安全注意事项、措施交底的安全教育，不安排未经安全教育人员进入作业场所。

（三）乙方应自觉接受甲方的安全教育，并明确施工现场的安全管理人员，自觉遵守甲方的各项规章制度和要求，加强管理，提高安全管理水平。

（四）需使用业主的机械、电器等设备、设施，必须经得业主或甲方同意，并对其安全防护措施负责和承担安全责任。

（五）教育和监管所属人员不得随意进入非该施工作业项目区域外的场所及触摸、启动机械、电器、控制阀等设备，否则因由此而引起的事故，乙方负全部责任。

（六）对该工程项目的安全施工作业以及对参与该工程作业的所使用的全部人员的安全负责。

（七）乙方的任何人员均不得在施工区、生活区打架斗殴、酗酒赌博。严禁酒后上班。

（八）乙方负责此项目生产的全部安全责任，如果在生产中发生生产安全事故，由乙方承担全部的事故责任和经济责任。

（九）乙方每完成一项工作，都必须清理由该工作引起的现场工程垃圾，保持工作现场的卫生清洁。

（十）乙方应当按照劳动法等相关法律法规为乙方的工作人员购买社保及人身意外险等，按时支付劳动报酬、合理安排工作时间、提供与工作岗位相应的劳动条件和劳动安全卫生设施，对从事特种作业的工作人员应当经过专门培训并取得特种作业资格后上岗。

第三条：工程验证

乙方所做工作要达到甲方提出的质量要求，并且乙方按甲方要求完成定期的工作后，工作量须经甲方人员现场确认，方可认定乙方完成了该项工作。

第四条：甲、乙双方严格遵守本合同条款，履行各自的职责，搞好文明施工作业。

第五条：本协议双方签字后生效，一式　份，甲方执　份，乙方执　份。

甲方：（盖章）	乙方：（盖章）
法定代表人或授权代表：	法定代表人或授权代表：
年　月　日	年　月　日

8.2.5.16 《承包商施工机械、安全工器具及进场材料检查表》

承包商施工机械、安全工器具及进场材料检查表（适用工程主管岗－按需）

项目名称			
项目部门		承包单位	
项目负责人		承包单位负责人	

序号	名称	数量	检查结果	备注
1			□ 合格 □ 不合格	
2			□ 合格 □ 不合格	
3			□ 合格 □ 不合格	
4			□ 合格 □ 不合格	
5			□ 合格 □ 不合格	
6			□ 合格 □ 不合格	
7			□ 合格 □ 不合格	
8			□ 合格 □ 不合格	
9			□ 合格 □ 不合格	
10			□ 合格 □ 不合格	
项目部门	以上生产用具及进场材料检查合格符合安全要求，同意使用。 项目负责人：（签字） 部门负责人：（签字） 年 月 日			

注：1. 如有特种设备、安全工器具、用电设备、测试设备、车辆，在备注中注明下次检验日期。
2. 进场工器具分批次进场，也可由项目部门安排人员分批进行检查。

8.2.5.17 《项目开工前安全技术交底单》

项目开工前安全技术交底单（适用工程主管岗－按需）

<table>
<tr><td>项目名称</td><td colspan="5"></td></tr>
<tr><td>项目部门</td><td></td><td>承包单位</td><td colspan="3"></td></tr>
<tr><td>项目负责人</td><td></td><td>交底日期</td><td></td><td>交底地点</td><td></td></tr>
<tr><td colspan="6">一、风险分析与控制措施</td></tr>
<tr><td colspan="2">关键风险点</td><td colspan="2">控制措施</td><td colspan="2">责任单位</td></tr>
<tr><td rowspan="5">人身风险</td><td></td><td colspan="2"></td><td colspan="2"></td></tr>
<tr><td></td><td colspan="2"></td><td colspan="2"></td></tr>
<tr><td></td><td colspan="2"></td><td colspan="2"></td></tr>
<tr><td></td><td colspan="2"></td><td colspan="2"></td></tr>
<tr><td></td><td colspan="2"></td><td colspan="2"></td></tr>
<tr><td rowspan="3">电网风险</td><td></td><td colspan="2"></td><td colspan="2"></td></tr>
<tr><td></td><td colspan="2"></td><td colspan="2"></td></tr>
<tr><td></td><td colspan="2"></td><td colspan="2"></td></tr>
<tr><td rowspan="4">设备风险</td><td></td><td colspan="2"></td><td colspan="2"></td></tr>
<tr><td></td><td colspan="2"></td><td colspan="2"></td></tr>
<tr><td></td><td colspan="2"></td><td colspan="2"></td></tr>
<tr><td></td><td colspan="2"></td><td colspan="2"></td></tr>
<tr><td rowspan="4">环境与
职业健康风险</td><td></td><td colspan="2"></td><td colspan="2"></td></tr>
<tr><td></td><td colspan="2"></td><td colspan="2"></td></tr>
<tr><td></td><td colspan="2"></td><td colspan="2"></td></tr>
<tr><td></td><td colspan="2"></td><td colspan="2"></td></tr>
<tr><td rowspan="4">社会影响风险</td><td></td><td colspan="2"></td><td colspan="2"></td></tr>
<tr><td></td><td colspan="2"></td><td colspan="2"></td></tr>
<tr><td></td><td colspan="2"></td><td colspan="2"></td></tr>
<tr><td></td><td colspan="2"></td><td colspan="2"></td></tr>
<tr><td rowspan="3">其他</td><td></td><td colspan="2"></td><td colspan="2"></td></tr>
<tr><td></td><td colspan="2"></td><td colspan="2"></td></tr>
<tr><td></td><td colspan="2"></td><td colspan="2"></td></tr>
</table>

（续表）

二、安全技术交底与控制措施			
序号	关键技术要点（质检点）	控制措施（W/H/S）	

三、施工应采取的其他安全措施及注意事项	
序号	安全措施 及 注意事项
1	应设遮拦、挂标识及位置：
2	防高处坠落、高空落物伤人的措施：
3	对防火、防触电的措施：
4	对施工人员的要求：
5	对施工机械的要求：
6	其他安全措施和注意事项：
交底人	已将上述安全内容向承包商交代清楚。 项目负责人：（签字）
项目部门	部门负责人：（签字）
承包商	我方确认贵方交代布置的安全措施和作业安全注意事项。我方承诺落实到位，并向其他现场人员交代清楚。 施工负责人、技术负责人和安全员签名： 项目负责人：（签字）

注：1. WHS为质量控制点，“W”为见证点控制、“H”为停工待检点控制、“S”为旁站点控制。
2. “关键技术要点（质检点）”栏中写清楚质量节点控制及技术要求。

8.2.5.18 《承包商现场人员情况表》

承包商现场人员情况表（适用工程主管岗－按需）

<table>
<tr><td colspan="8">项目名称：</td></tr>
<tr><td colspan="4">承包商名称：</td><td colspan="4">项目部门名称：</td></tr>
<tr><td>序号</td><td>姓名</td><td>身份证号</td><td>文化程度</td><td>安全培训</td><td>安规考试</td><td>人身意外保险</td><td>专业／工种</td></tr>
<tr><td>1</td><td></td><td></td><td></td><td>□是 □否</td><td>□是 □否</td><td>□有 □无</td><td></td></tr>
<tr><td>2</td><td></td><td></td><td></td><td>□是 □否</td><td>□是 □否</td><td>□有 □无</td><td></td></tr>
<tr><td></td><td></td><td></td><td></td><td>□是 □否</td><td>□是 □否</td><td>□有 □无</td><td></td></tr>
<tr><td></td><td></td><td></td><td></td><td>□是 □否</td><td>□是 □否</td><td>□有 □无</td><td></td></tr>
<tr><td></td><td></td><td></td><td></td><td>□是 □否</td><td>□是 □否</td><td>□有 □无</td><td></td></tr>
<tr><td></td><td></td><td></td><td></td><td>□是 □否</td><td>□是 □否</td><td>□有 □无</td><td></td></tr>
<tr><td></td><td></td><td></td><td></td><td>□是 □否</td><td>□是 □否</td><td>□有 □无</td><td></td></tr>
<tr><td></td><td></td><td></td><td></td><td>□是 □否</td><td>□是 □否</td><td>□有 □无</td><td></td></tr>
<tr><td></td><td></td><td></td><td></td><td>□是 □否</td><td>□是 □否</td><td>□有 □无</td><td></td></tr>
<tr><td></td><td></td><td></td><td></td><td>□是 □否</td><td>□是 □否</td><td>□有 □无</td><td></td></tr>
<tr><td></td><td></td><td></td><td></td><td>□是 □否</td><td>□是 □否</td><td>□有 □无</td><td></td></tr>
<tr><td></td><td></td><td></td><td></td><td>□是 □否</td><td>□是 □否</td><td>□有 □无</td><td></td></tr>
<tr><td>承包商</td><td colspan="7">承包商现场负责人签名：（盖章）
年 月 日</td></tr>
<tr><td>项目部门</td><td colspan="7">项目负责人签名：（签名） 部门负责人签名：（盖章）
年 月 日</td></tr>
<tr><td>安监部</td><td colspan="7">负责人签名：（盖章）
年 月 日</td></tr>
</table>

备注：施工作业人数在 100 人以上的队伍应当设置安全生产管理机构或者配备专职安全生产管理人员，100 人以下的队伍配专职或兼职安全员。

8.2.5.19 《承包商临时用电、用水申请表》

承包商临时用电、用水申请表（适用工程主管岗－按需）

<table>
<tr><td>项目名称</td><td colspan="6"></td></tr>
<tr><td>项目部门</td><td colspan="3"></td><td>承包单位</td><td colspan="2"></td></tr>
<tr><td rowspan="2">用电技术规格</td><td>电压等级</td><td></td><td>容量</td><td></td><td>联系人</td><td></td></tr>
<tr><td>电表安装位置</td><td colspan="3"></td><td>联系电话</td><td></td></tr>
<tr><td rowspan="2">用水技术规格</td><td>水管直径</td><td colspan="2"></td><td>用水量</td><td></td><td>联系人</td></tr>
<tr><td>水表安装地点</td><td colspan="4"></td><td>联系电话</td></tr>
<tr><td>申请单位</td><td colspan="6">承包商负责人签名：（盖章）
年 月 日</td></tr>
<tr><td>项目部门</td><td colspan="6">项目负责人签名：（签字） 部门负责人签名：（签字）
年 月 日</td></tr>
<tr><td>用电、用水管理部门</td><td colspan="6">负责人签名（签字）
年 月 日</td></tr>
<tr><td>执行情况</td><td colspan="6">执行人签名（签字）
年 月 日</td></tr>
</table>

注：办理用电申请时请提交相关资料，具体要求见按照“用电协议通知”要求办理。

8.2.5.20 《项目管理记录表》

项目管理记录表

项目名称			
项目部门		项目负责人	

一、安全管理

序号	安全管控点	检查结果	备注

二、质量管理

序号	质量控制点	检查结果	备注

三、进度管理

序号	进度控制点	检查结果	备注

项目负责人签名：（签字） 年 月 日

8.2.5.21 《承包商每日工前安全技术交底单》

承包商每日工前安全技术交底单（适用工程主管岗－按需）

工作项目：______________________ 施工单位：______________________

工作时间：________年______月______日 工作负责人签名：______________________

当日工作内容：

1. ____

2. ____

3. ____

4. ____

一、当天工作安全交底（依据工作方案及工作内容进行风险分析和安全技术交底。如有新增风险，经分析后亦增加至此表中，请在新增项目栏打“√”）

工作风险分析	风险等级	应对安全措施	新增项目

二、当天工作技术交底（若不用技术交底，请填写“无”）

1.

2.

3.

三、工作班成员签名：我确认已正确理解当日所做工作风险分析及清楚采取的应对安全措施，我确认已正确理解工作负责人所作安全技术交底，我确认个人精神状态良好！

8.2.6 食堂服务

8.2.6.1 《食堂环境检查表》

食堂环境检查表（适用食堂主管 -3 次 / 日）

区域： 检查人： 检查日期：

序号	检 查 内 容	检查结果	存在问题及建议措施	检查人
1	食堂内温度和通风是否正常			
2	窗框、工作台、餐桌椅是否有损坏、无灰尘和污渍，食堂通道有无障碍物			
3	地板有无碎屑及污痕			
4	墙面有无污痕或破损处，墙面装饰品有无破损污迹			
5	盆景花卉有无枯萎、浮灰现象			
6	天花板有无破损、漏水痕迹 天花板是否清洁，有无污痕			
7	通风口是否清洁，通风是否正常			
8	灯泡、灯管、灯罩有无脱落、破损、污渍，吊灯照明是否正常，吊灯是否完整			
9	玻璃门窗及镜面是否清洁，是否无灰尘无裂痕			
10	广告宣传品有无破损和灰尘污痕， 菜单是否清洁，是否有缺页和破损			

8.2.6.2 《食堂清洁质量日巡查表》

食堂清洁质量日巡查表（适用食堂领班 –1 次 / 班）

单位： **编号：**

时间	检查区域	检查结果	整改结果	签名
	食堂			
	备餐间			
	自助餐台			
	水果间			
	洗消间			
	卫生间			
	餐余垃圾处理			
	工作间			
	储物间			

8.2.6.3 《食堂紫外线消毒登记表》

食堂紫外线消毒登记表（适用食堂领班 –1 次 / 班）

单位： **日期：** **编号：**

时 间	检查区域	消毒时间			累计时间 /min	签名
		早上	中午	晚上		
	食堂					
	备餐间					

8.2.6.4 《食堂检查登记表》

食堂检查登记表（适用食堂服务员 –1 次 / 日）

名称 / 地点： **检查日期：** **检查人员：**

序号	检查项目	检查内容与要求	检查结果	存在问题及整改措施	备注
1	取餐台、电磁炉	干净、无污垢、电源正常			
2	餐桌椅	干净、整齐、无损坏			
3	台布	干净、平整、无皱褶			
4	食品回收区	干净、无食物残渣			
5	保温箱	干净、是否保温			
6	窗帘	干净、整齐			
7	地板	整齐、无污垢积水			

8.2.6.5 《物品报损登记表》

物品报损登记表（适用食堂服务员 –1 次 / 月）

盘点日期：

序号	名称	上月 结存数量	本月 领入数量	本月减少数量			本月 结余数量	单价	金额	备注
				报废	破损	流失				

盘点人： **复核人：** **部门负责人：**

8.2.6.6 《厨房安全卫生检查表》

厨房安全卫生检查表（适用厨房主管 –1 次 / 日）

单位：

序号	检查区域 / 内容	检查结果	存在问题及建议措施	检查日期	检查人
1	墙壁、天花板、门窗清洁				
2	排油烟罩、炉灶清洁				
3	工作台、地面清洁、排水系统良好、清洁、无积水				
4	调理器械清洁				
5	食品原料新鲜				
6	食品储放温度适当，生食、熟食应分开存放				
7	切割生、熟食品的切、砧板应分开使用				
8	食品应用容器盛装或包装后冷藏（冻）				
9	食品、器皿不可直接置于地面				
10	餐具、器皿洗涤方法、储存场所适当				
11	抹布清洁消毒				
12	厨余妥善处理				

8.2.6.7 《厨房日常收档巡查表》

厨房日常收档巡查表（适用炒锅、砧板、面点 -1 次 / 日）

检查人： **检查日期：**

岗位	序号	检查内容	是否收拾完好	特殊情况处理	岗位责任人
炒锅	1	油烟机干净无油污			
	2	炒锅、手勺摆放整齐			
	3	灶面卫生、无渣汁，干净明亮，摆放整齐			
	4	灶下无垃圾，下水道干净、畅通			
	5	调味品（汁）收藏			
	6	加工的原材料收捡			
	7	原材料收捡入库（酱、汁）			
	8	料缸干净，摆放整齐			
	9	手布清洗干净，晾开			
	10	台面、地面、下水道清洁卫生			
	11	台面、柜内摆放整齐、有序			
	12	餐具、用具归位			
	13	冰柜清理，摆放整齐			
	14	垃圾处理			
砧板	1	原材料的入库、收藏			
	2	半成品的收藏			
	3	成品的收藏			
	4	回收食品的收藏			
	5	青菜的收藏			
	6	浸、泡食品材料的收藏、处理			
	7	刀具的收藏			
	8	砧板、抹布的清洁			
	9	下脚料的处理			
	10	场地卫生清洁			
	11	菜单下单是否到位			

（续表）

岗位	序号	检查内容	是否收拾完好	特殊情况处理	岗位责任人
面点	1	原材料的入库、收藏			
	2	半成品的收藏			
	3	成品的收藏			
	4	回收食品的收藏			
	5	刀具的收藏			
	6	砧板、抹布的清洁			
	7	下脚料的处理			
	8	场地卫生清洁			
	9	各种酱汁、调料是否收拾好			
	10	食品加工设备是否清洁、遮盖			

8.2.6.8 《厨房设备消毒登记表》

厨房设备、餐具消毒登记表
（适用厨房炒锅、砧板、帮厨、厨房管事员 –1 次 / 班）

单位：

设备名称	消毒方法	消毒时间	消毒人	备注

8.2.6.9 《留样登记表》

留样登记表（适用厨房炒锅、面点工 –1 次 / 餐）

单位：

日期	餐次	样本名称	留样时间	留样人签名	处理时间	处理人签名

说明：应由专人负责每餐留样并填写记录，样本重量不得少于 150 克，冷藏时间 48 小时以上，重大活动供餐保存 72 小时，应设专用冰箱，留样容器应消毒，须贴标签。

8.2.6.10 《食品添加剂使用登记表》

食品添加剂使用登记表（适用厨房面点岗 -1 次 / 班）

单位：

添加剂名称	制作成品名称	制作数量	添加剂使用数量	使用人

8.2.6.11 《物品入库登记表》

物品入库登记表（适用仓库管理员 -1 次 / 日）

物品名称	价格	数量	小计	备注

采购人： **验收人：** **仓管员：**

8.2.6.12 《物品出库登记表》

物品出库登记表（适用仓库管理员 –1 次 / 日）

领用日期	物品名称	规格	单价	数量	小计	备注

领料人：　　　　　　　　食堂主管：　　　　　　　　仓管员：

8.2.6.13 《库存物资报损表》

库存物资报损表（适用仓库管理员 –1 次 / 月）

类别	品名及规格	单位	单价	金额	处理意见

财务经理：　　　　　　　　部门主管：　　　　　　　　仓管：

8.2.6.14 《食堂物资（食材）盘点表》

食堂物资（食材）盘点表（适用仓库管理员 –1 次 / 月）

单位：

序号	物品名称	单位	单价	数量	金额	备注
一、*** 类						

盘点人： **复核人：** **部门负责人：**

8.2.7 公寓服务

8.2.7.1 《公寓清洁质量日常巡查表》

公寓清洁质量日常巡查表（适用公寓主管 / 领班 –1 次 / 日）

日期： 时间： 编号：

序号	检查要求	检查结果	整改结果	责任人
1	房间卫生清扫情况			
2	工作间状况（地面、工作车摆放、物品摆放，有无积尘、蛛网，有无晾晒个人衣物等）			
3	楼道情况（有无堆积杂物、各类指示灯状态等）			
4	各类标识情况（如门牌号有无缺失、破损、不规范等）			
5	清洁设备卫生、安全状况（吸尘器外观卫生、电源线有无裸露、声音有无异常、吸力是否正常等）			
6	照明设施情况（客房内、走廊灯、出口指示灯、通道灯等）			
7	清洁工具卫生状况（工作车柜、架、隔板、物品摆放、清洁桶内器具卫生等）			
8	公共区域卫生（墙面、地面、天棚、装饰品、玻璃、镜面、垃圾筒、门、灯等）			
9	通道卫生（台阶、扶手、隔栏等）			

8.2.7.2 《楼层工作日志》

楼层工作日志（适用公寓服务员 –1 次 / 班）

楼层： **房号：** **时间：**

早班	领班		员工	

主要事项：

签字：

中班	领班		员工	

主要事项：

签字：

晚班	领班		员工	

主要事项：

签字：

8.2.7.3 《楼层住房情况表》

楼层住房情况表（适用公寓服务员 -1 次 / 班）

值班员： **日期：**

房号	房间状态	房号	房间状态	房号	房间状态

记录：

8.2.7.4 《客房卫生清洁记录表》

客房卫生清洁记录表（适用公寓服务员 –1 次 / 班）

单位： **部门：** **班组：** **日期：**

序号	项目	检查要求	检查结果	整改结果	签名
1	门	门框是否干净、无破损，门表面清洁、无尘、无破损，门镜干净、清晰，门锁干净、工作正常，开门有无声响，安全链无尘、牢固，防火图干净、无污迹			
2	天花板	无尘土、无水痕、无蜘蛛网，门顶灯无尘，工作正常			
3	壁柜	门内外清洁、无尘、无破损；门轨无损坏；柜门开关是否正常；柜内自动灯是否能正常使用；壁柜内墙壁清洁、无污迹无破损、无尘，柜内隔板清洁、无尘；衣架清洁、按标准摆放、无灰尘、数量是否备全；保险箱是否工作正常，保险柜内外清洁			
4	穿衣镜	镜框无灰尘、无污迹、镜面光亮、无污迹、无灰尘和水迹			
5	吧台	台面清洁，无污迹、无灰尘，镜子和玻璃光亮无污迹，电水壶工作正常、清洁、无水垢。杯子干净无水迹、无破损，茶或咖啡数量和摆放符合标准			
6	行李架	行李架表面无尘无破损，行李架牢固不晃动			
7	电视机、电话	表面无尘、无污迹，摆放位置正确；节目单无尘，无破损、无褶皱；电视频道正确、图像清晰、音量适中；遥控器清洁，工作正常、摆放正确；电视架坚固；电话有无故障；网络、电线是否按标准缠绕			
8	垃圾桶	内外侧无污迹、无杂物、位置摆放正确			
9	台灯	灯罩灯泡无尘、无破损，灯座、灯杆无尘，开关工作正常，电线按标准缠绕			
10	沙发	表面干净、无污迹、无破损，沙发垫干净，缝中和垫下无杂物			

（续表）

序号	项目	检查要求	检查结果	整改结果	签名
11	窗帘	窗帘整洁，悬挂美观干净、无破损、无褶皱、平整，窗帘长短合适，符合摆放标准，窗帘钩齐全、滑轨流畅			
12	窗户	大小玻璃光亮、无尘、铝框无尘、无污迹、窗台无尘、无污迹，小窗合页开关自如、无污迹，窗外玻璃光亮，小窗户槽内无灰尘			
13	床	床头板表面清洁、无尘、无污迹；被罩平整无污迹、无破损；床单平整、无污迹、无破损；床衬垫按标准摆放；床脚无尘，床下无杂物，床单绷紧，四角一致，床与床头柜距离符合条例要求			
14	床头柜	表面无法、无污迹；电话清洁，工作正常，电话线按标准缠好；便笺本和笔按标准摆放			
15	面盆	水龙头光亮、无水迹、无污迹，面盆内光亮无毛皮，水堵工作正常、无杂物，溢水口干净、无杂物			
16	洗手台面	台面及边角干净、无杂物、台面清洁无污迹，皂托干净、无皂液和水迹			
17	耗品补给	种类、数量按规定补充，包装盒上无尘、无破损、无污迹，按标准摆放			
18	水杯	干净无水迹、无破损，杯垫干净、无破损、无水			
19	镜子、镜灯	镜子清洁、无水迹、光亮照人，无水银脱落现象。是否发光正常，灯具上无尘			
20	电吹风	电吹风清洁、无污迹、无水迹、无尘土、工作正常			
21	马桶	水箱表面干净无尘，水箱内干净无杂物，马桶合页干净、无污迹，马桶盖干净、无污迹，马桶内干净、无黄迹、无异味，底座干净、无污迹，上下水工作正常			
22	地漏	周围干净、无杂物、清洁光亮。排水道清洁，无异味，地板无烟尘及毛发等			

（续表）

序号	项目	检查要求	检查结果	整改结果	签名
23	洗手间通风口	安装牢固，工作正常，干净无灰尘、无污迹、无尘土、无水痕、无蜘蛛网			
24	浴缸	清洁光亮、无水迹，浴盆内无毛发，下水流畅、水堵工作正常、无污物，扶手无松动，喷头出水流畅、无白迹，电度件光亮、地水迹、无松动			
25	棉织品	无破损、颜色一致，数量及摆放符合标准，浴袍无破损、无污迹，按标准摆放			
26	五金用品	龙头、喷头、布巾架干净、光亮、无污迹、水迹			
27	气味	室内气味清新			
28	遗留物品	检查是否有宾客遗留物品			

8.2.7.5 《前台交接班登记表》

前台交接班登记表（适用公寓前台）

日期		班次	A		B		C		D		交班人	
本班次离店房号												
本班次预订房号												
本班次到店房号												
本班次工作内容及特殊事项记录												
交班前房间状况统计											接班人